T0288679

PLEGARIAS
del corazón

OCEANO ámbar

PLEGARIAS del corazón

Oraciones para pedir ayuda y bendiciones, rezos de amor y gratitud

Lorna Byrne

PLEGARIAS DEL CORAZÓN
Oraciones para pedir ayuda y bendiciones, rezos de amor y gratitud

Título original: PRAYERS FROM THE HEART. Prayers for Help and Blessings, Prayers of Thankfulness and Love

Traducción: Enrique Mercado

Fotografías de portada: Shutterstock.com
Fotografía de la autora: © Jason Clarke

D. R. © 2019, Editorial Océano de México, S.A. de C.V.
Homero 1500 - 402, Col. Polanco
Miguel Hidalgo, 11560, Ciudad de México
info@oceano.com.mx

Primera edición: 2019

ISBN: 978-607-527-786-8

Impreso en México / Printed in Mexico

Dedico este libro, con paz y amor en mi corazón, a todos mis lectores

Índice

Capítulo 1

Cambiemos nuestra relación con Dios por medio del poder de la oración

Escribo ahora mi primer libro de plegarias y estoy rodeada de ángeles; los Ángeles de la Oración están aquí también. Cuando me asomo por la ventana, veo a veces una cascada interminable en torno a mi casa y dentro de esta habitación, que sube en lugar de bajar: una cascada de Ángeles de la Oración. Sé que Dios los ha puesto muy cerca de mí porque en este libro de plegarias escribiré muchas oraciones para todos.

Desde que publiqué mi primer libro, *Ángeles en mi cabello*, personas de todo el mundo me han pedido que escriba un libro de plegarias, que escriba oraciones sobre casi todo lo imaginable. Sé que muchos de nosotros necesitamos una oración particular para diferentes cosas en nuestra vida, con objeto de que nos ayude a salir adelante en medio de los altibajos de la existencia.

Aun en un buen momento podrías descubrir que te cuesta trabajo lograr lo que quieres, aquello que crees que debes conseguir. Estás a medio camino de la montaña que escalas en tu vida, pero cuando miras al frente, ves todavía una cuesta enorme por subir. No obstante, si por un momento miras atrás, verás que ya llegaste muy lejos, y podrás concentrarte otra vez en el camino de tu vida.

Los malos momentos suelen ser aquéllos en que nos desanimamos porque no hemos logrado lo que queríamos o lo que creíamos merecer. Te ves al pie de esa montaña, incapaz de dar un paso al frente. Rezar puede ayudarte entonces. Puede darte la fortaleza que necesitas, el aliento que te hace falta para dar el paso siguiente en el camino de tu vida. Este sendero da muchas vueltas, sube y baja en ocasiones, mientras te conduce a lo largo del viaje de tu existencia.

Todos necesitamos orar. Digas lo que digas —creas o no en esto—, siempre habrá un momento en tu vida en el que necesites rezar. Y todos precisamos de ello, pese a que a veces estemos tan abatidos que nos sintamos incapaces de orar. Por eso debemos pedir por nuestros semejantes: porque a veces sencillamente no podemos hacerlo por nosotros mismos. Tal vez sintamos demasiado dolor, físico y emocional, y no podamos recitar las plegarias que necesitamos para que nos ayuden en ese momento particular.

Otra cosa que la oración hace por nosotros es recordarnos que debemos gozar cada paso que damos en el camino de la vida, y no apresurarnos. Rezar nos recuerda que debemos vivir al máximo y disfrutar cada momento, los buenos y los malos, los no tan buenos y los no tan malos. Toda la vida es como si estuviéramos en una balanza, como si nuestra felicidad pendiera de un hilo. Pero en medio de nuestros altibajos siempre debemos tratar de disfrutar cada momento, aun entre lágrimas.

Necesitamos plegarias para todas estas cosas. Oraciones para soportar la congoja y el dolor que experimentamos. Necesitamos oraciones que nos ayuden a avanzar por la vida, a sentir felicidad y alegría. Cuando rezamos, nuestra alma, nuestra energía, se pone en contacto con Dios, lo cual nos da paz y esperanza, valor y fortaleza.

Todas las plegarias de este libro las recibí de Dios, en ocasiones por medio de los ángeles. A menudo, mientras escribía este libro había un arcángel a mi lado, el Arcángel Miguel u otro, y a veces era uno de los ángeles que están presentes en mi vida todos los días. Por supuesto que mi ángel de la guarda estuvo conmigo todo el tiempo.

La oración beneficia a quienes sufren temor, angustia y depresión. El estado de ánimo y dificultades emocionales de una persona tienen también un aspecto físico. Tanto nuestro cuerpo como nuestra mente requieren el poder de la oración, el contacto con nuestra alma que el rezo nos da. El poder de la oración puede ayudarnos a descubrir esa conexión y darnos fuerza para vencer todas esas dificultades mentales y emocionales, aunque, como veremos, también puede contribuir a nuestra curación física.

Un individuo debe pedir por sí mismo. Sé que ésta es una parte muy importante pero, como ya dije, es igualmente significativo que los demás pidan por él, para que tenga la fuerza que necesita para lidiar con su sufrimiento y sepa que saldrá de su apuro. Muchas personas me han contado que padecían una muy grave aflicción, algunas de ellas al grado de haber pensado en suicidarse, y que un día descubrieron que se dirigían a Dios. Se dieron cuenta de que rezaban, y a partir de entonces tuvieron más fe en su interior. Pudieron ver la luz de la esperanza frente a ellas. La oración contribuye a disipar esa nube, ayuda al individuo a ver la vida que tiene por delante.

Cómo orar mejor

Lo único que hago es ponerme a orar. Basta con que se me ocurra para que empiece a rezar. Pero muchas personas me preguntan cómo orar, o cómo hacerlo mejor.

Di dentro de tu cabeza que te tomarás un momento, un minuto siquiera, y guarda silencio. No es indispensable que digas nada, sólo practica vaciar tu mente.

No creas que necesitas un lugar específico. El mundo ha cambiado mucho. Hoy la gente no cesa de ir de un lado a otro. Incluso podrías rezar mientras vas a alguna parte.

Cualquier lugar es bueno para rezar. Pero en algunos, el velo entre este mundo y los mundos espirituales es muy fino. Algunos de ellos, como las iglesias o lugares santos, o los sitios sagrados en bosques, cuevas o cimas de montañas, se han usado desde hace mucho tiempo como centros de oración. Se han convertido en lugares sagrados, espacios de silencio, de oración y meditación, y cuando entramos en ellos, notamos que hay paz y quietud. En su mayoría, son lugares tranquilos. Se han impregnado del amor y espiritualidad de las personas que estuvieron ahí antes. Cuando me acerco a estos sitios, veo que ese amor y espiritualidad emana de ellos.

Oración sobre los lugares sagrados

Gracias, Señor, por todos los lugares sagrados del mundo,
por la abundancia de tus ángeles en ellos,
por las bendiciones de paz, esperanza, tranquilidad
y curación
que en ellos recibimos.
Rodeados por tu amor,
son lugares donde puedo meditar en oración
y sentir su santidad y su gracia.
Gracias, Dios mío.
Amén.

Los lugares sagrados son muy importantes en todos los credos, e incluso para quienes no profesan ninguna religión. Están llenos de paz y en ellos hay siempre millones de ángeles en constante oración.

A veces veo que la gente, cuando reza, está acompañada por las almas de sus seres queridos. En ocasiones veo también que la acompañan los santos. Aunque nuestros seres queridos hayan muerto, su alma vivirá por siempre. Tu alma no muere nunca. Es la chispa de la luz de Dios. Es el lado espiritual de tu ser.

Las almas de tus seres queridos están siempre ahí para ayudarte y darte señales, para murmurar en tu oído. Es más fácil que escuches el alma de un ser querido que a un ángel, así que presta atención para que sepas qué ayuda te brinda esa alma. Cuando sientas su presencia y comprendas que debes hacer algo, hazlo. Dale gracias al alma de tu ser querido de que haya estado contigo.

Las emociones vuelven más fuerte una plegaria. Tienes que sentir lo que dices, no nada más repetir de memoria unas cuantas palabras. Cuando dejas que brote una emoción, permites que tu alma haga acto de presencia. Estamos acostumbrados a ocultar nuestras emociones, porque a personas de muchos credos les han dicho que no deben revelárselas a Dios, pero somos hijos suyos, así que tenemos que dárselas a conocer como lo hace un niño, un adolescente o incluso un adulto con sus padres. Debemos abrir nuestro corazón cuando rezamos. Los ángeles no cesan de decirme esto. Deja que tus emociones salgan a la luz.

Otra parte importante es que debes estar plenamente consciente de que estás rezando, consciente de que tus emociones, tu llamado a Dios salen de ti, de cada partícula de tu alma y cada parte de tu cuerpo humano. Si alcanzas este grado de conciencia, sabrás que eres sincero.

A medida que avances en la práctica de la oración, te descubrirás menos consciente de lo que te rodea. Podrías sentir que dices una oración muy larga, para comprobar después que sólo duró unos segundos.

Esto se debe a que te encontrabas en un estado más espiritual. Cuando entiendas esto, sonríe, toma conciencia. Hoy el mundo marcha siempre muy aprisa y sentimos que no tenemos tiempo para nada.

Pienso que, de vez en cuando, deberías escuchar mientras rezas, al final de tu oración o antes siquiera de que digas una palabra.

Creo que cuando escuchamos mientras oramos y nos sumergimos en el silencio, todos podemos oír una voz especial.

Algunos nos sentiremos llenos de paz y tranquilidad, otros sabremos qué hacer y, en circunstancias extremas, otros más escucharán con claridad una voz. En la oración debemos darnos tiempo para escuchar. Quizás oigamos a un ser querido, a nuestro ángel guardián, o a nuestra alma. Podríamos oír incluso que Dios nos habla, y si esto sucede, no lo pongamos en duda. Es algo que simplemente sabemos. Eso estará claro.

Muchas personas me preguntan con qué frecuencia y por cuánto tiempo deben rezar. Al principio, date un minuto para orar, y luego un minuto de silencio durante tu ocupado día. Sé que pronto rezarás más. Incluso ese minuto de silencio se convertirá en rezo conforme aprendas a sumergirte en un estado meditativo de oración.

La oración nos beneficia a todos de muchas formas. A tu mente, tu alma, incluso tu cuerpo físico. El alma es la chispa de la luz de Dios, esa partícula diminuta que llena cada parte de nosotros. Es parte de Dios mismo, del corazón de Dios que es puro amor. Cuanto más reces, más beneficiarás a tu espíritu. Para comenzar, la oración te ayudará a estar más consciente de tu alma y tu ser espiritual.

Sabrás entonces que hay un amor que proviene de tu interior, una irradiación de luz. Cuando experimentas esto, tu cuerpo físico se siente diferente, más ligero, físicamente más fuerte en todos aspectos. Esto no te inquietará tanto como habría ocurrido antes, gracias a la oración y a tu conexión con tu alma.

Puedes aprender a sentir la presencia de tu alma. Cuando alguien siente que su espíritu está presente, así sea sólo un poco, lo disfruta, sonríe. Podría parecer que dura un segundo apenas, pero es más prolongado, todo desaparece. Tu cuerpo se vuelve en verdad más ligero, tus dolores y aflicciones se evaporan. Quizá veas tu alma frente a ti, y cuando tu alma se presenta de este modo es que el proceso de entrelazamiento comienza.

El entrelazamiento del cuerpo y el alma empieza a liberarte entonces. Sabes, por supuesto, que tu cuerpo físico puede enfermarse en cualquier momento. Sabes que podrías contraer todo tipo de padecimientos. Estás consciente de que tu cuerpo físico envejecerá, pero debido a tus oraciones, ahora cada paso que das es diferente. Sientes el poder de la vida misma. Sientes la esencia de la vida misma. Descubres lo maravilloso que es estar vivo, pues ahora permites que los ojos de tu alma vean a través de tus ojos físicos, que contemplen la belleza de la vida que te rodea.

Puedes alcanzar todo esto mediante el poder de la oración. Tus plegarias tocan tu alma, y si tu cuerpo físico se enferma pero tu alma sabe que sanarás y estarás aquí todavía muchos años, oirás que la voz interior que procede de tu alma, de tu ser espiritual, te dice: "Deja que te ayude a tener fe". La fe que has recibido a través del poder de la oración te dará la fortaleza indispensable para que combatas las enfermedades que atacan a tu cuerpo físico.

Intenta rezar con un corazón puro. Cuando oras con un corazón, una mente y un alma puros, te es más fácil hacerlo; y cuanto más reces de esta forma, aquel entrelazamiento ocurrirá más libremente.

Recuerdo cuando el Ángel Amén me enseñó a orar de niña. Me dijo: "Debes rezar sin traza alguna de maldad en tu corazón. Debes deshacerte de tus reacciones hacia quienes te lastiman". Siempre digo que deberíamos tomarnos las cosas menos personalmente. Cada vez que suceda algo que te ofenda, di que todo está bien, que amas a esa persona. Sea grande o pequeño lo ocurrido, opta por no odiar, decide tratar de amar. Me refiero a que intentes amar a alguien mientras estás en oración contemplativa; es decir, que trates de amar en ese lugar sagrado.

—Lorna, la gente no sabe cómo hacerlo —me dijo el Ángel Amén. Comprendo estas palabras, pero no puedo explicarlas.

Una persona que reza se vuelve más luminosa; no sé cómo explicarlo. Es como si permitiera que su alma esté presente, así que irradia una luz más intensa.

Al final, el cuerpo humano cambiará. Cuando permitamos el entrelazamiento del cuerpo humano y el alma, no envejeceremos, no nos enfermaremos. Rezar contribuye a que ese día llegue más pronto, es como una soga que une al cuerpo y el alma. De nosotros depende qué tan pronto llegará ese día.

En ocasiones, cuando nos enfermamos o se enferma un miembro de nuestra familia, descubrimos el poder de la oración. Pedimos con una mente, alma y corazón puros que Dios nos dé más tiempo. Le decimos: "Queremos que se recupere, si es posible". Rezamos, y nuestra familia reza con nosotros. A menudo éste es el momento en que empiezas a tomar conciencia de tu alma, aunque no debemos esperar a que nuestro cuerpo físico enferme para estar conscientes de nuestra alma y el poder de la oración.

La oración es una fuerza muy poderosa en el mundo. Siempre le digo a la gente que la oración mueve montañas y que se debe a nuestra alma, esa pequeña partícula de Dios, una parte de él, esa fuerza poderosa que nos une en el rezo. Podemos mover montañas. Podemos hacer de este mundo un pequeño destello del cielo.

Rezar nos ayuda a todos y ayuda al mundo entero. Estamos conectados unos con otros y todos estamos conectados con todas las cosas. Cuando morimos, lo vemos con claridad. Pero hasta entonces, debemos rezar más y más, para que podamos empezar a apreciar esa conexión y a sentirla más intensamente.

No siempre sabemos lo que es mejor para nosotros o para el mundo, pero Dios sí lo sabe. Cada vez que rezamos, quizá no seamos capaces de mover montañas físicas, pero nos hacemos y le hacemos al mundo una montaña de bien.

Sí, ustedes, los habitantes de este mundo, de todas las religiones y todos los credos, deben rezar más. La oración es la oración. No importa cuál sea tu religión o si perteneces o no a alguna religión o credo, porque ninguno de nosotros reza solo nunca. Tu ángel guardián reza contigo, igual que los Ángeles de la Oración. Ellos mejoran tus plegarias, junto con los muchos otros ángeles que podrían estar a tu lado en ese momento. Rezarán contigo cuando vean que estás en oración. Muchos ángeles desempleados, que tal vez van de paso nada más, te acompañarán en tus rezos. Dejan de ser desempleados en ese instante. Incluso puedes ir caminando por la calle, preocupado por algo, y decir una pequeña oración. Nuestros rezos siempre son escuchados. Nos dan esperanza. Orar nos ayuda a creer que lo imposible es posible.

Oración de Ángeles Sanadores que viene de Dios a través del Arcángel Miguel

Derrama tus Ángeles Sanadores,
tu huestes celestiales, sobre mí y los que amo.
Permite que sienta el rayo de tus Ángeles Sanadores sobre mí,
la luz de tu mano sanadora.
Dejaré que tu curación empiece,
como quiera que Dios me la conceda.
Amén.

Nunca olvidaré al Arcángel Miguel de pie junto a mi cama mientras leía esta oración en voz alta en el pergamino que contenía las palabras de Dios. El Arcángel Miguel me había pedido que por ningún motivo permitiera a nadie que alterara esas palabras, porque son palabras de Dios. Él sólo recitó la oración, y yo debía darla al mundo después, para brindar a todos la oportunidad de usar esta plegaria universalmente, sean cuales fueren su religión o sus creencias.

Esta plegaria versa sobre la luz de la mano sanadora de Dios, pero cuando la recitas, recibimos esa luz curativa que viene directamente de Dios. Cuando él nos toca con su mano, nos rodea al mismo tiempo con sus Ángeles Sanadores, que nos consuelan en este rezo.

Dios nos hace saber que él mismo envió esta plegaria desde el cielo con el ángel más fuerte de todos, el Arcángel Miguel. Es una oración muy poderosa. Nos recuerda que siempre debemos permitir la curación que Dios nos concede, sea cual sea.

Cuando el manuscrito en inglés de *Ángeles en mi cabello* se entregó a los editores, ellos pensaron que la "Oración de Ángeles Sanadores que viene de Dios a través del Arcángel Miguel" se había escrito en forma incorrecta y quisieron cambiarla, pero el Arcángel Miguel me recordó: "Lorna, no permitas que alteren esas palabras, porque son palabras de Dios, no del hombre".

Le dije entonces a mi editor, Mark, que no debían modificar las palabras de esa oración. Tenían que permanecer exactamente como estaban. Le dije por qué y estuvo totalmente de acuerdo.

Doy gracias a Dios y a todos los ángeles que están conmigo en esta habitación mientras escribo. El pergamino que el Arcángel Miguel porta en sus manos es muy largo y está lleno de plegarias para este libro. Doy gracias a Dios de que me haya dado todas esas bellas oraciones, y al Arcángel Miguel por haberme indicado que las dijera de esta manera. Están escritas con el corazón, con las palabras comunes y corrientes que saldrían de la boca de una persona necesitada de ellas. Son para ti y para mí. Sea cual fuere tu religión, y aun si no crees en Dios ni en los ángeles, estas oraciones son para ti.

Tipos de ángeles

Le rezamos a Dios. No les rezamos a los ángeles, pero podemos y debemos pedirles ayuda, incluso en la oración. Hay varios tipos de ángeles cuyo auxilio invocaremos en este volumen. Los Ángeles Sanadores son altos y elegantes. Son radiantes. Resplandecen con un brillo cegador. Visten de pies a cabeza ropajes que parecen tan finos como la seda. Sus manos son muy delicadas. Emiten luz por todas partes.

Cuando veo a los Ángeles Sanadores, por lo común, forman grupos de cinco. Parecen siempre muy unidos, e invariablemente están en oración. Poseen una vaga apariencia humana. Cuando veo que rodean a alguien para curarlo, tienen las manos extendidas sobre la persona. Es una visión increíble la de los rayos de luz que bajan del cielo, desde Dios, y pasan por el cuerpo de los Ángeles Sanadores, desde donde irradian por sus manos. Esto dura sólo un instante y después los ángeles se marchan.

Todos los arcángeles tienen una presencia imponente. Son una fuerza muy poderosa. Te describiré a uno de ellos: el Arcángel Miguel. Cuando aparece en toda su gloria, lleva una corona de oro sobre la cabeza y un manto blanco y dorado ceñido por un cinturón de oro con una hebilla negra. Sus prendas siempre dan la impresión de holgura y sólo le llegan a las rodillas. Porta su potente escudo, que refleja una luz radiante de oro y plata, y una espada. A veces los alza y brillan como el sol. Hay muchos otros arcángeles que también he descrito en mis libros, como el Arcángel Gabriel y el Arcángel Rafael.

No existe ningún otro ángel en el mundo como tu ángel de la guarda. No es hombre ni mujer, pero en ocasiones te dará la sensación de que es hombre, y en otras que es mujer. Tu ángel de la guarda posee apariencia humana. Es hermoso en extremo y muy difícil de describir. Podría vestir de varios colores. En momentos diferentes, los ángeles guardianes visten ropajes magníficos, o con un estilo que no hemos visto jamás en este mundo.

Tu ángel de la guarda es excepcional. Los ángeles guardianes están llenos de luz; describir cada detalle de uno de ellos sería interminable, así que describiré sólo un aspecto: sus ojos. Son como las estrellas del cielo, llenos de luz, pero es la luz del amor.

En contadas ocasiones, un ángel guardián podría proyectar un color de ojos particular, aunque esto es muy raro. Casi siempre sólo puedo describirlos como las estrellas del cielo. Son espléndidos y radiantes. Puedes ver el amor que irradian sobre ti los ojos de tu ángel de la guarda.

Tu ángel guardián no puede ser de nadie más. Sólo tiene ojos para ti y eres el número uno para él. Te ama incondicionalmente. Eres único y hermoso, y para tu ángel guardián no hay nadie en el mundo como tú.

En muchas oraciones de este libro se menciona a tu ángel de la guarda. Si sabes cómo se llama, siéntete en libertad de reemplazar "ángel guardián" por su nombre. Esto volverá las plegarias más personales para ti.

Podemos pedir también que los ángeles desempleados nos ayuden con las trivialidades de la vida. Cuando sentimos la necesidad de una mano útil, estos ángeles están más que dispuestos a ayudarnos. Los ángeles desempleados son ángeles que he visto bajar del cielo desde niña. Son magníficos. Mientras descienden, es como si se envolvieran en sus alas, las cuales abren despacio cuando se acercan a la superficie. Igual que todos los ángeles, sus pies nunca tocan el suelo. Son radiantes y lucen una hermosa apariencia humana.

Es muy bueno pedir ayuda a los Ángeles de la Naturaleza. Puedes rezarles en cualquier parte, en especial si ves a la naturaleza en problemas o crees que así es. Ya nos socorren, pero si les pedimos ayuda, los potenciamos más. Les damos permiso también de que nos presionen más, ya que, en cierto sentido, nosotros somos los ángeles guardianes de la naturaleza. Se supone que debemos cuidar de ella.

Hay muchos Ángeles de la Naturaleza. Siempre veo que cuidan a los animales cuando sufren, y que nos invitan a ayudarlos. Son muy afectuosos y cariñosos. En ocasiones abren sus alas y envuelven a un animal cuando muere. Sé que alivian su dolor.

El Ángel del Agua tiene una apariencia femenina en todo momento. Es hermoso y como los colores del arcoíris cuando se reflejan en el agua. Es elegante y se mueve con la soltura de una ola. Representa toda el agua de nuestro planeta.

El Ángel de los Árboles es otro ángel muy bello. Es un ángel único, que cuida la naturaleza como tantos otros, y sin embargo está en cada árbol. Cuando lo veo, es encantador. Posee todos los colores ámbar y verdes de los árboles. Se mueve con las ramas. Lo veo en muy raras ocasiones. (Cada especie animal tiene su propio ángel de la guarda, pero sólo hay un ángel para todas las especies de árboles.)

Entre más rezas, más te abres. Cuando llegas a un sitio espiritual, en un bosque, junto a un lago, en el mar, te vuelves más consciente de todos los ángeles que te rodean, de los seres espirituales y santos del pasado que ayudaron a que la naturaleza floreciera. Tomas conciencia. Comprendes. Podrías mirar un árbol y no ver al Ángel de los Árboles, pero verás lo hermoso que el árbol es. Y pedirás que su magnificencia sea eterna.

Los Ángeles Maestros siempre sostienen algo que es símbolo de aprendizaje, por lo general un objeto relevante para lo que enseñan, o un libro o un lápiz. A veces escriben en un pizarrón. Los Ángeles Maestros tienen siempre el aspecto de un profesor, aunque con gran amor y gentileza. Son radiantes, reflejan luz y en ocasiones su ropa parece moverse un poco con la brisa, aun si no la hay.

Otro ángel importante es el Ángel del Amor Maternal. Es redondo como el sol y de tamaño inmenso. Se envuelve en sus alas, aunque las abre un poco, como una gallina. Sus brazos están listos en todo momento para estrecharte con fuerza. Su color está entre el crema y el blanco. Es traslúcido, puedes ver una luz brillante que se refleja en su interior, pero no ver a través de él.

Su rostro irradia tanto amor como luz y sus ojos son tan grandes como el plato de una taza, y destellan con la luz del amor de una madre. Posee espléndidos rizos de cabello blanco y cremoso. Irradia abrazos todo el tiempo. Es tan cariñoso que querrías lanzarte a su regazo y abrazarlo y ser abrazado por él. El Ángel del Amor Maternal está ahí para todos nosotros, por mucho que tu madre te quiera o creas que no lo hace.

Los Ángeles de la Oración son como una cascada interminable que sube en lugar de bajar, repleta de la refulgente y radiante luz de los ángeles. Vuelan directo al cielo con nuestras oraciones, las cuales mejoran.

El Ángel Amén me enseñó a rezar de niña. Se sentaba en mi cama. Este hermoso ángel tiene siempre una apariencia femenina. Luce esbelto y elegante y es muy lindo. Usa un vestido brillante de un matiz azul, rosa y aun dorado, como de acuarela. Algo en su vestido que nunca cambia es que la parte de arriba está plisada a la antigua y el cabello le flota ligeramente sobre los hombros. Este precioso ángel ha afirmado siempre que hay que decir "Amén" al final de cada rezo, y si no lo decimos, un Ángel de la Oración lo dirá por nosotros.

Capítulo 2

Ahondemos nuestra conciencia y unión espiritual con la naturaleza y los animales

Personas de todo el mundo me dicen que no entienden por qué algunos de nosotros somos tan crueles con los animales. Cuando era niña, si veía que alguien era despiadado con ellos, los ángeles me explicaban que se debe, en ocasiones, a que tales personas han sufrido temor, enojo y odio en su vida, y por eso creen tener derecho a ser crueles. Creen que pueden descargar esas emociones en un animal, porque éstos experimentan menos miedo y dolor que nosotros. Pero no es cierto.

Cuando eres cruel con un animal, es horrible. Sé bueno con todas las criaturas, aun si les temes. Conozco a algunas personas con fobias. Les temen a los perros y los gatos, y a veces a los pájaros o a las arañas, pero recuerda siempre que eso no te da una razón para ser cruel. No te da un pretexto para que lastimes a la vida. Aun si les temes a los pájaros, puedes darles de comer en invierno al fondo de tu jardín, donde no se te acercarán.

Cuando yo era adolescente, conocí a una niña que les tenía fobia a los perros. Yo le decía que no debía temerles. Si tenía que pasar junto a un perro, bastaba con que no lo mirara y el animal no repararía en ella. Pero un día, un cachorrito jugaba con unos niños en el parque y corrió directo hacia mi amiga, quien gritó y le dio una patada.

El perrito aulló de dolor y se tendió en el pasto mientras se quejaba. Mi amiga se asustó y dijo: "No quise lastimarlo. Me dio miedo que se me acercara y me tocara; perdón". Había lágrimas en sus ojos.

El cachorro estaba rodeado de ángeles y me arrodillé y lo toqué con las manos mientras le pedía a Dios que aliviara su dolor. Un momento después, el cachorro empezó a mover la cola.

Los niños que eran sus dueños miraron a mi amiga y le dijeron:

—Un cachorro jamás te haría daño, es sólo una mascota.

Lo recogieron y una de las niñas le preguntó a mi amiga:

—¿Te gustaría acariciarlo?

Mi amiga respondió:

—No, pero lo siento mucho; nunca volveré a lastimar a un perro.

Vi que su ángel de la guarda la envolvía en sus alas y le daba un fuerte abrazo.

El Ángel Jimazen es un ángel inmenso que protege a nuestro planeta Tierra. Hace todo por resguardarlo y nos da mensajes todo el tiempo sobre lo importante y preciosa que es la vida entera. Este ángel colosal, el Ángel Jimazen, viste una armadura roja y dorada con un toque negro y, por supuesto, lleva en la mano derecha una vara, como yo le decía de niña; algunas personas la llaman cayado. Es enorme. El Ángel Jimazen es un gigante. Hace todo lo posible por proteger a nuestro planeta, por aliviar a la Madre Tierra, pero no puede hacerlo solo.

Nosotros mismos —cada hombre, mujer y niño— somos los ángeles guardianes de nuestro planeta, de la naturaleza entera. Todos debemos proteger la naturaleza, a todas las criaturas de este planeta, que incluyen a los repugnantes animales rastreros, a los pequeños insectos que a veces parecemos temer tanto, así como a todas las plantas, árboles y ríos. Necesitamos de la naturaleza; ella hace de nuestro planeta un lugar hermoso para vivir. Debemos pedir todos los días por la protección de la naturaleza en nuestro planeta, y que los ojos de todos se abran para que demos los pasos indicados con los cuales resguardar nuestro planeta y toda la naturaleza. Si lo hacemos así, podremos disfrutar de la hermosura de la Tierra y de los maravillosos regalos que nos da.

Oración por la naturaleza y nuestro planeta Tierra

Ayúdanos a todos, Señor, a ser protectores del hermoso planeta
que nos has dado como regalo.
Abre nuestros ojos y ayúdanos a ver que
somos los ángeles guardianes de nuestro hermoso planeta Tierra.

No debemos destruir nuestro planeta;
ayúdanos a salvar a nuestra bella Tierra.
Amén.

Debemos pedir que nuestros líderes tomen las decisiones correctas para proteger la naturaleza, y que no se dejen influir mucho por los costos materiales. Los habitantes de este mundo debemos presionarlos para que tomen las decisiones adecuadas. No podemos vivir sin la naturaleza.

Oración por tu gato enfermo

Te rezo todos los días, Señor,
y ahora te pido que rodees con tus ángeles a mi gato,
que está muy enfermo.
Me duele verlo sufrir
y sólo quiero lo mejor para él.
Únicamente quiero recordarte, Señor,
que permitas que mi gato mejore. Lo quiero mucho.
Amén.

Ésta es una oración que expresa a Dios el amor que le tienes a tu gato, un animal que él ha permitido que quieras y te quiera. El lazo de amor que proyectas en tu gato y que éste refleja en ti te brinda muchos buenos recuerdos y consuelos. Quizá te acuerdes de él echado en tu cama junto a ti, mientras lo acariciabas detrás de las orejas y él ronroneaba ovillado a tu lado.

Cuando era niña, los ángeles me decían que mi gato, Tiger, me arrullaba. Sea cual sea el nombre de tu gato, es ya un amigo muy cercano para ti, y cuando te arrulla, te agradece que seas tan bueno, amable y cariñoso y cuides de él.

Cuando digas esta oración, puedes estar seguro de que Dios ha rodeado de ángeles a tu gato para que lo ayuden a recuperarse, si eso es lo mejor para él.

Hay otro rezo que puedo darte, porque muchas personas me preguntan: “¿Podría escribir una plegaria por mi gato, que se extravió?”. Desean que su gato, al que quieren mucho, vuelva a casa.

Oración por mi gato perdido

Mi gato se perdió, Señor.
Lo he buscado por todas partes.
Ya les llamé a todos mis vecinos para preguntarles
si lo han visto,
pero todos dijeron que no.
Te pido entonces, Señor, que tus ángeles lo ayuden
a volver a casa;
y si no puede regresar conmigo,
te pido que lo protejas y que alguien lo quiera tanto
como yo lo quise.

Amén.

Pedir por un animal cuando necesita ayuda es muy importante, pero debemos pedir por él aunque no la necesite. También ellos requieren la protección de los ángeles, aunque debemos recordar que nosotros somos igualmente sus ángeles guardianes. Tú eres el ángel guardián de tu mascota, sea perro, gato, pájaro, caballo o burro. Cualquiera que sea el tipo de animal que tengas, eres su ángel de la guarda.

Una vez operaron a la pequeña Holly, nuestra perrita blanca y lanuda. Tenía un bulto en la pata y debían quitárselo. Pedí por ella de esta forma.

Oración por mi perra

Sólo quiero decirte, Señor,
que van a operar a mi perra.
Ruego a los ángeles que la rodeen,
que la sostengan en sus brazos
y la protejan mientras el veterinario la opera.
Que la cirugía sea un éxito, ángeles, por favor,
porque quiero mucho a mi perra, Dios mío.
Amén.

Jamás olvidaré el día que la llevé al veterinario, porque cuando la entregué, vi que cuatro hermosos ángeles ponían sus manos debajo de ella. Cargaron a Holly, nuestra perrita, junto con la enfermera. Antes de irme, la acaricié y le dije que pronto nos volveríamos a ver, y ella movió la cola.

Claro que Dios ya sabe que tu perro está enfermo, pero, como cualquier otro ser humano, ves a Dios como tu padre. Quieres hablar con él como un niño con su padre. Le recuerdas algo, aunque él no necesita que lo hagas, y esto nos ayuda a envolvernos más en la oración. Contribuye a que nuestras plegarias salgan de nuestras emociones cuando le contamos a Dios lo que sucede.

Al rezar de esta forma, desarrollamos con Dios una relación más personal. Él no está fuera de nuestro alcance. Es como si estuviera en la puerta o sentado a tu lado. Si hablas con él de esta manera, contribuyes a la espiritualidad del mundo, tal como debe ser. Queremos cambiar nuestra relación con Dios, estar más cerca de él. Es tu padre y tu amigo. Hoy la gente busca esa relación con Dios.

Los ángeles reconfortan a los animales todo el tiempo, pero cuando reces por tu mascota, especialmente si está en cirugía, pide siempre a los ángeles que la rodeen para que se sienta a salvo. Diles que cuando termine la operación, quieres que la pongan en tus manos, para que a partir de ese momento seas su ángel guardián y la cuides, le des su medicina y la quieras. El amor que le das le ayudará a recuperarse más rápido.

Si un animalito estaba enfermo cuando era niña los ángeles me decían en ocasiones: "Tómalo en tus manos, Lorna, y ámalo".

Y eso era lo que hacía. Daba resultado, y siempre me hizo muy feliz. Creo que todos podemos hacerlo, porque todos tenemos la fuerza que proviene de nuestra alma. Quizá no siempre el animal mejore, pero su dolor podría disminuir. Tal vez muera tranquilamente en tus brazos, aunque muchas veces se recuperará. Hay un proceso espiritual más allá del suceso emocional en casos como éstos.

Cuando ves a tu perro acostado en su cama después de la operación, cuando está en casa contigo, debes saber que los ángeles están ahí todavía, que te ayudan a cuidarlo. Cuando sane, los ángeles se alejarán. Nunca les he dado un nombre a estos ángeles, pero son ángeles especiales para los animales heridos, enfermos y con dolor. Están ahí para calmarlos, para que no teman. Nos llaman para que consigamos ayuda para ellos también. Son como una luz con una capa dorada. Siempre parecen tener largas manos, dedos largos que se extienden para acariciar a una criatura. Nunca falta un perro en algún lado que necesite el amor de los ángeles.

Algo que les agrada a estos ángeles es cuando el dueño atiende a su perro y les dice: "Ya no se les necesita aquí, pueden retirarse; yo me haré cargo de él".

Los ángeles te sonreirán y dirán: "Gracias".

Le darán a tu perro un abrazo más fuerte que nunca y éste sabrá que cuando vuelva a necesitarlos, ellos estarán ahí.

Estos ángeles asisten a todos los animales: mascotas, domesticados y salvajes. No están con un animal todo el tiempo. Sólo están presentes cuando se les necesita, aunque especialmente cuando una criatura fallece. Están ahí para confortarla y ayudarla a morir en paz.

Hace muchos años, conocí a un amable joven que tenía un caballo al que quería mucho. Un día el caballo se rompió una pata y el joven se sintió devastado. Me dijo que le había pedido mucho a Dios por él; imploraba todo el tiempo: "Que el veterinario pueda hacer algo por mi caballo, por favor".

Me pidió que yo rezara también. Dijo: "Mi caballo necesita un milagro, Lorna".

Le aseguré que pediría por él, pero mientras me marchaba les pregunté a los ángeles: "Cuando un caballo se rompe una pata, ¿no es normal que se le sacrifique? Quizá la de este animal no esté rota".

Pedí por él mientras seguía mi camino. Supe que Dios había rodeado de ángeles a ese caballo. Al final, hizo un milagro en su favor.

Muchas personas que tienen caballos me piden que rece por ellos para que se mejoren. A veces un caballo tiene un problema digestivo, y sus dueños piden que recen por él para encontrar una solución. A menudo dicen que su caballo es muy alocado y necesitan que se tranquilice, o que tiene miedo de subir a un remolque porque es muy estrecho.

Oración por mi caballo

Te pido, Señor, que rodees de ángeles a mi caballo.
Te pido un milagro.
Ángeles que rodean a mi caballo,
les ruego que imploren a Dios
un milagro,
porque quiero mucho a mi caballo.
Amén.

Oración por todos los animales

Dios mío, ayuda por favor
a todos los animales que sufren.
Envía a tus ángeles para que los rodeen y consuelen.
Que oigamos sus quejas,
que todos tengamos un corazón amoroso hacia ellos
para poner fin a la crueldad.
Amén.

Oración de los ángeles que consuelan a un animal

Gracias, Dios mío, por hacer que tus ángeles consuelen
a los animales.
Sé que tus ángeles están ahí y que envuelven en sus
brazos a una criatura cuando sufre.
Tus ángeles siempre están a su lado cuando los necesitan.
Gracias, ángeles, por hacer esto por todos los animales
del mundo.
Gracias, Dios mío.
Amén.

Desde niña me ha gustado esta oración. Toda mi vida he visto que los ángeles confortan a los animales, ya sea un perro que sufre porque lo golpearon o un animal de granja, un pájaro o cualquier criatura silvestre.

A veces, cuando iba en el coche y Joe conducía, me asomaba a la ventana y percibía el destello de un ángel que confortaba a un animal, al que acariciaba en el lomo. Podía ser una vaca o un caballo, y yo sabía que el ángel lo libraba de toda ansiedad y temor.

Los ángeles nos piden que cuidemos a la naturaleza, a nuestras mascotas, y que si vemos que una criatura es tratada con crueldad, levantemos la voz. Es importante que no temamos hacerlo, porque los animales se asustan mucho, e incluso se aterran y horrorizan, cuando se les trata con crueldad. No entienden. Sabemos que esta crueldad está presente en todo el mundo.

Recuerdo que el Arcángel Miguel y el Arcángel Rafael me indicaron, en ocasiones diferentes, que si alguien es cruel con un animal también lo será con los seres humanos. "Aun si no te gustan los animales y les temes, no importa", me dijo el Arcángel Rafael. "Relájate, porque el animal te tiene miedo también."

Los ángeles me enseñaron a cuidar de los animales silvestres, y todos deberíamos hacerlo, pero esto no significa que debamos ser crueles con las criaturas que viven en el campo de nuestro país o que les arrebatemos su hogar. Los ángeles me recuerdan sin cesar que debemos compartir este planeta con todos los animales de la naturaleza.

A menudo le digo a Dios que debería permitir que todos vieran a los ángeles, siquiera un destello de alguno de ellos, y en especial de un ángel cuando consuela a un animal en dificultades. Es maravilloso ver cuando el ángel envuelve al animal en sus brazos y sopla dulcemente sobre él; esto lo tranquiliza. He visto esto muchas veces en mi vida. Lo he visto también cuando un veterinario atiende a un animal enfermo.

Le digo a Dios que sería fabuloso que todos pudiéramos verlo, porque entonces seríamos más buenos con nosotros mismos y con la naturaleza. Protegeríamos más a nuestro planeta. Yo podría escribir muchas oraciones por la naturaleza, por cada animal, ave o insecto, por todos los peces y las diferentes formas de vida que habitan nuestros mares y nuestros ríos.

Oración por nuestros ríos y mares

Querido Dios,
ayuda a la humanidad a escuchar
al Ángel del Agua, de los océanos, de los ríos,
de cualquier lugar donde corra agua en nuestra Tierra,
para que mantenga nuestros ríos y mares llenos de vida
y conserve pura el agua para la humanidad y la naturaleza.
Amén.

He visto a este ángel en numerosas ocasiones. Esta oración es para proteger nuestros mares y ríos y todos los lugares en los que corre agua en la Tierra. Sé que Dios ha puesto a ciertos ángeles alrededor del planeta para que socorran a la naturaleza. Sé que ha hecho esto para ayudar al Ángel Jimazen, el protector de nuestra hermosa Tierra.

Uno de esos ángeles se llama el Ángel del Agua. Cuando sale del río y se sienta en una piedra, es como agua. Cuando tiende su mano para tocar la mía, brota agua de sus dedos. Es como todos los colores del arcoíris: suaves matices de tonos pastel. Todo en él es líquido; esto le da una apariencia humana. Es un solo ángel, pero está dondequiera que haya agua.

Él me decía a veces que el río estaba muy contaminado y lo que sucedía. En una ocasión salió del mar cuando yo me hallaba en Estados Unidos. No esperaba verlo ahí, pero cuando llegué a la playa y miré el océano, me horrorizó lo que vi. El mar estaba cubierto de petróleo, oscuro, negro y viscoso, cuando este ángel apareció sólo un momento.

Ese día, el Ángel del Agua emergió del océano. Me aterró ver que chorreaba petróleo, ¿lo puedes imaginar? ¿Puedes imaginarte a este hermoso ángel emerger contaminado del océano? Él forma parte del mar y de todos los demás cuerpos de agua, porque está dondequiera que el agua exista.

El Ángel del Agua se veía como estaba el mar ese día: negro, horrible, repugnante, mientras se empeñaba en mostrarme lo que ocurría con la vida en la profundidad del océano y en su superficie. Si no hubiera sido un ángel, yo habría dicho que estaba en agonía, pero los ángeles no mueren. Nuestros océanos, el mar, los ríos y los arroyos, todo se está extinguiendo ya debido a la contaminación, y junto con ellos la vida que contienen. Invoca en este rezo al Ángel del Agua, para que ayude a la humanidad a dejar de contaminar nuestros mares.

Hace mucho tiempo pensábamos que jamás contaminaríamos el mar. Creíamos que nuestros mares y océanos eran tan vastos que nunca se contaminarían, así que seguimos arrojando en ellos todos nuestros desperdicios, en la creencia de que no les hacíamos ningún daño, pero ahora sabemos que no era así. Hemos contaminado y destruido nuestros mares, y con ellos los peces y moluscos, todo. Hemos sacado provecho del mar, y ahora sabemos que nos hemos contaminado y que hemos perjudicado a nuestros hijos, de modo que debemos rezar y desempeñar el papel que nos toca en la protección de la Madre Naturaleza. Volvámonos parte del Ángel del Agua, quien cuida de nuestros mares y ríos.

Oración sobre el Ángel de los Árboles

Señor,
abre mis ojos
para que pueda ver en cada árbol la belleza
del Ángel de los Árboles,
ya que éstos limpian el aire para que yo respire
todas las estaciones del año.
Amén.

Ésta es una plegaria sobre el Ángel de los Árboles a fin de que recuerdes que debes proteger a los árboles, y lo importantes que ellos son para todos y cada uno de nosotros y nuestros hijos. La primera vez que hablé del Ángel de los Árboles fue en *Ángeles en mi cabello*. Un árbol limpia el aire para que respiremos. Hacemos cosas con ellos, pero nuestro planeta necesita árboles para que la atmósfera funcione en la forma apropiada y nosotros podamos respirar aire puro sin precisar de máscaras que resguarden nuestros pulmones.

Sin árboles, la tierra sería un desierto. No tendríamos lluvia. Necesitamos árboles, y debemos comenzar a plantarlos en todo el mundo, especialmente los árboles originarios de cada país.

El Ángel de los Árboles quiere que lo veas en cada árbol, en las hojas verdes, las rojas y las de tantos otros colores. Cuando llega el otoño y las hojas se vuelven marrones o doradas y adoptan esas maravillosas tonalidades ámbar antes de que los árboles descansen, el Ángel de los Árboles está ahí. Aun cuando sus ramas estén desnudas y ellos parezcan totalmente indefensos, los árboles no están solos. El Ángel de los Árboles está con ellos y te pide que los protejas, porque sabe que los necesitamos.

El Ángel de los Árboles es bello y se mueve con las ramas y las hojas. Está en cada árbol, pero es un solo ángel, así que escúchalo, por favor. Planta árboles en tu país, los originarios de él, porque los necesita. No hay árboles suficientes en el planeta; planta tantos como puedas. No permitas que sean talados. Los árboles sólo deben talarse si se enferman o caen por causas naturales, o si representan un peligro para la vida.

Oración para implorar a Dios

Pido a todos los ángeles
que suban al cielo cada día
para implorar a Dios un milagro
a favor de nuestro hermoso planeta
y para que despertemos.
Amén.

Cuando rezamos por la Madre Tierra, le pedimos a Dios que nos ayude a ser uno con la naturaleza para que, por medio del poder de la oración que está dentro de nosotros, podamos proteger a la Madre Tierra para el futuro. Cuando rezamos para que haya lluvia o por las plantas, o para que los árboles crezcan o nuestros ríos vuelvan a la vida, formamos parte de la oración que permite que esa puerta se abra; que permite que el entrelazamiento del poder de la oración con Dios, y el hecho de hacer lo que sabemos que debemos para proteger a nuestro planeta, nos den fuerza para contribuir a la curación de la naturaleza a fin de que podamos vivir.

Oración para una cosecha abundante

Señor,
te pido que des fertilidad a la tierra
para que las semillas que sembré echen brotes,
mis cultivos crezcan sanos y fuertes
y yo tenga una buena cosecha.
Amén.

Oración para que llueva

Señor, te imploro que llueva.
La tierra está árida y seca;
si no envías pronto la lluvia, no habrá cosecha
y mi familia pasará hambre,
la naturaleza y los animales morirán.
Envía a tus ángeles,
abre las nubes y permite que llueva;
compartiré mi cosecha con los necesitados.
Te imploro que llueva, Dios mío.
Amén.

Cuanto más agradecidos seamos, más reconoceremos las bendiciones recibidas, y recibiremos más de ellas por medio del poder de la oración. Ésta es la única forma en que puedo explicar la importancia de dar gracias al rezar.

Oración de acción de gracias

Trabajo la tierra, Señor,
y te agradezco todos los ángeles que enviaste en mi
ayuda.
Nuestros animales están fuertes,
nuestros cultivos sanos, y tuvimos una excelente cosecha.
Gracias por esas bendiciones y esta abundancia.
Amén.

Ya seas un agricultor o sólo un jardinero que cuida de sus flores y arbustos, o una persona que cultiva frutas y verduras para su consumo y para compartirlas con sus familiares y vecinos, cuando tengas una buena cosecha —por grande o pequeño que haya sido tu papel en ella— da gracias. Veo siempre que los ángeles ayudan a quienes trabajan la tierra o cuidan de un huerto o jardín.

El otro día, mientras cortaba las rosas marchitas para que pudieran florecer otras más, de vez en cuando un ángel me señalaba que había olvidado una. Sé que los ángeles hacen lo mismo contigo: dirigen tu atención adonde hace falta. Tal vez te hagan mirar en una dirección particular para que adviertas algo importante. Te ayudan a tener una buena cosecha, muchas flores que broten en tu jardín.

Conozco a agricultores que trabajan con empeño y piden siempre un clima determinado. A veces piden que llueva; otras, que deje de llover, en especial cuando sus cultivos están maduros y ellos quieren llevar sus tractores a los campos para cosechar. No pueden hacer esto cuando llueve a cántaros.

Necesitamos agricultores en todo el mundo para tener buenas cosechas de frutas, verduras y cereales. También necesitamos su ganado.

Sé que en ocasiones olvidamos lo importante que es que llueva, así como que deje de llover y salga el sol. Un agricultor busca sin cesar el clima perfecto para una buena cosecha. Los agricultores ayudan a alimentar al mundo. Lo hacen a través de su arduo trabajo, pero también mediante el amor a su tierra y sus animales.

Cuando vamos al supermercado y tantos alimentos se tienden frente a nosotros, no pensamos en el industrioso agricultor, y creo que deberíamos hacerlo. Pienso que deberíamos rezar por todos los agricultores del mundo, así que aquí está una pequeña oración por ellos.

Oración por los agricultores

Señor, protege a los agricultores.
Ángeles, auxílienlos pronto cuando requieran ayuda,
y si es posible, permitan que sus cultivos crezcan sanos
y fuertes.
Ayuden a que sus tierras reciban la lluvia y el sol que
necesitan.
Bendigan con la abundancia sus campos
para que alimenten a mis hijos y a los niños del mundo.
Gracias por los hombres y mujeres que trabajan
la tierra.
Amén.

Capítulo 3

Llénate de fuerza y esperanza

Oración para pedir certidumbre

Ayúdame, Señor, a estar seguro
de que mi ser querido posee un alma,
está en el cielo contigo
y nos volveremos a ver algún día.
Amén.

Perder a un ser querido y sentir el corazón destrozado es una experiencia muy difícil para todos. Cuando estás de duelo, debes aferrarte a la certeza de que tu ser querido poseía un alma que vivirá por siempre. Las almas están en el cielo y en paz. Un día volverás a verlas; no están muertas, viven. Es sólo el cuerpo el que ha muerto, así que el hecho de que tuviera un alma —esa pequeña chispa de luz que Dios nos ha dado a todos y cada uno de nosotros, esa parte de él— significa que tu ser querido vivirá para siempre. Esa chispa parece minúscula en este mundo, pero en realidad es inmensa; llena cada parte del cuerpo humano de tu ser querido. Su alma posee cada aspecto suyo. Volverás a verlo; a veces está a tu lado y en el cielo al mismo tiempo.

Oración de pesar

Ayúdame, Señor, te lo ruego,
junto a la cama de mi hijo moribundo.
Dame fuerza, socórreme; rodéame con tus ángeles
mientras lo miro, tomo su mano, lo beso
y sé en mi corazón que te lo llevarás al cielo.
No quiero que lo hagas, pero sé que así será.
Ayúdame, Dios mío.
Amén.

Cuando sabemos que un ser querido agoniza y ya no estará mucho tiempo con nosotros, sentimos que se nos desgarra el corazón. Para cada madre, padre y hermano, así como para el resto de la familia, ver morir a un hijo es la experiencia más angustiosa que puede haber en la vida. Nadie puede conocer, nadie puede imaginar este dolor; sólo las madres y los padres que han perdido a un hijo. Es horrible cuando una madre o un padre sostiene en brazos a su hijo por última vez y le da un beso y el último adiós, o cuando un hermano pierde a otro por el resto de su vida.

Este último sufrimiento es tan difícil para él como para todos los adultos, aun mamá y papá. Los adultos olvidan en ocasiones que también un chico sufre por su hermano. Lo oculta, no desea causar más dolor y aflicción a sus padres, así que no hay que olvidar preguntarle simplemente cómo se siente. ¿Quiere hablar de eso? Hay que recordarle que su ángel de la guarda está con él.

Oración para pedir más tiempo

Ángel de mi guarda,
pide a Dios que abra mis oídos.
Sé que me dices que el ángel guardián de mi madre
tomará su alma
y ya no estará mucho tiempo aquí porque se irá
al cielo.
La extrañaré enormemente.
Sé que mi padre la espera.
Ángel de mi guarda, ¿podrías pedirle a Dios
que permita que mi madre permanezca otro rato aquí
antes de que te la lleves a ese hermoso lugar en el cielo?
Amén.

Ésta es una plegaria que puedes recitar por tu padre o tu madre cuando se acerque el momento de que suban al cielo. Podrías decirla sentado junto a su cama en el hospital o en casa, o a su lado en su sillón favorito. No olvides decirles que los quieres. Nunca pienses que ya habrá tiempo para eso, porque podrías no tenerlo; Dios podría llevárselos en cualquier momento. Muchos de nosotros nos quejamos de no haber tenido la oportunidad de despedirnos.

Si nadie estaba con tu mamá o tu papá cuando se fueron al

cielo, debes saber que no estuvieron solos.

Su ángel de la guarda estaba con ellos. Él tomó su alma y la llevó directo al cielo, donde se encontraron con todos los seres queridos que se les adelantaron. Debes saber que están en paz y son felices. Están contigo al mismo tiempo, te dan muchas señales y te ayudan a sobrellevar la pena de haberlos perdido.

En realidad no los perdiste. Están vivos en virtud de su alma, esa chispa de la luz de Dios que llena cada parte del cuerpo. Debes saber que te aman a toda costa, aun si ya no te hablabas con ellos o estaban enfadados contigo. Ahora sólo tienen amor por ti. Todas sus preguntas han sido respondidas. Saben que Dios existe. Pueden ver a su ángel guardián, y también al tuyo y tu bella alma, lo mismo que a las almas de sus seres queridos que ya están en el cielo.

Oración para sentir alegría

Retira de mí, Señor,
esta nube oscura.
Haz brillar sobre mí tu luz,
envía a tus ángeles a ayudarme;
dame valor y fortaleza
para que sienta de nuevo alegría en mi vida.
Amén.

En este rezo le pides a Dios que envíe más ángeles a tu alrededor, para que te ayuden a disfrutar de la vida y disipen esa oscura nube que te agobia. Pides a los ángeles de Dios que te ayuden a tener la fuerza y el valor que necesitas para sonreír otra vez, reconocer que eres querido y amado y saber que tu ángel guardián te acompañará siempre en cada paso de tu vida.

Oración para ver la luz de la esperanza

Ángel de mi guarda,
pon en mis ojos tus manos un minuto,
y al retirarlas permite que vea
luz de esperanza en mi vida.
Si se apaga, haz eso de nuevo,
mi ángel guardián.
Amén.

Ésta es otra oración que puedes decir para salir de la oscuridad y ver la luz de la esperanza en tu vida. En ella le pides a tu ángel guardián que interceda por ti, te ayude a sanar y se lleve la nube oscura que te rodea. Él hará esto por ti constantemente, hasta que llegue el momento en que lo haga cada vez menos porque ya estás mejor; el momento en que ya no tenga que poner sus manos sobre tus ojos y las aparte para que veas la luz y todo el bien que hay en tu existencia.

Pero recuerda que tienes que decidir cuándo dejará de ser preciso que tu ángel de la guarda cubra tus ojos un minuto siquiera, porque ya reconoces que, aunque ponga sus manos sobre tus ojos y antes de que las retire, la luz ha brillado siempre en torno tuyo. Ha estado ahí desde el principio y no se ha extinguido jamás.

Oración para librarte de la ansiedad

Libérame, Dios mío, por favor.
Que tus ángeles rompan las cadenas de la ansiedad
que me tienen preso.
Haz que tus ángeles las aflojen
y que estas cadenas de ansiedad caigan y desaparezcan.
Amén.

Muchas personas de todas las edades y ocupaciones me han dicho que desde el momento que abren los ojos en la mañana sienten una ansiedad enorme, y algunas de ellas la sienten incluso mientras duermen. Tu ángel de la guarda te dirá que busques ayuda médica. Los ángeles sólo pueden ayudarte hasta cierto punto; también debes ayudarte a ti mismo, no te avergüences por ello. Hoy la gente vive muy presionada en el mundo entero.

Es horrible sentir ansiedad. Tu ángel guardián no quiere que la ansiedad controle tu vida. Pídele a Dios que envíe a su ángeles para que suelten esas cadenas y caigan, y puedas disfrutar paso a paso de la vida. Recuerda que eres único y bello, y que no hay nadie más en el mundo como tú.

Sé que algunas personas que padecen ansiedad ni siquiera pueden salir a la calle; si sufres así, ármate de valor y date una oportunidad. Cada vez que debas hacer algo para lo que te falta fuerza y valor, repite esta plegaria. Aun si dices sólo una frase, Dios y los ángeles sabrán a qué te refieres, y cuando te dispongas a salir, te ayudarán a soltar las cadenas de la ansiedad y te darán fuerza para que las hagas desaparecer. Tu ángel guardián te murmurará al oído todo el tiempo: "Puedes hacerlo, puedes hacerlo". Escucha esas palabras en tu mente y repítelas para ti.

Oración a mi ángel guardián

Ángel de mi guarda,
justo antes de que caiga dormido,
mientras cierro los ojos
y me tomas en tus brazos para protegerme,
quiero darte las gracias
por haber cuidado de mí el día de hoy
y ser mi amigo.
Amén.

En esta pequeña oración, agradeces a tu ángel de la guarda que sea tu amigo, que pase contigo cada día de tu vida y que vaya a estar contigo, como sabes, hasta la eternidad. Cuando le das las gracias a él, también le agradeces a Dios.

Conforme avanzas por esta vida, debes saber que nunca estás solo. Que Dios te ha dado como regalo un ángel de la guarda, y que él nunca podrá serlo de nadie más. Te pertenece por completo. Sólo tiene ojos para ti. Ni siquiera debes compartirlo con alguien más. Eres lo más precioso del mundo para él.

Recuerda que puedes pedirle a tu ángel guardián que se siente junto a ti; es tu mejor amigo y siempre estará a tu lado. Puedes decirle cosas agradables y puedes decirle cosas horribles. Puedes ser sincero con él, porque jamás se lo tomará personalmente. Lo único que puede hacer es amarte. Nunca se disgustará contigo por algo que hayas hecho en tu vida; siente por ti un amor incondicional, ilimitado. Pase lo que pase, siempre te amará y no lo decepcionarás nunca. Vela por ti con un corazón lleno de amor.

Oración contra la depresión

Mientras me levanto con desgano,
te ruego, Señor,
que retires de mí esta depresión.
Me lo complica todo.
Absorbe mi energía, sólo quiero encogerme.
Permite que tus ángeles me quiten esta depresión
para que viva esta vida que tú me has dado.
Te lo suplico, Dios mío, a ti y a tus ángeles.
Amén.

La depresión es invisible, y a la gente le cuesta trabajo entenderla, sobre todo si no la padece. A veces juzgamos perezoso a alguien que la sufre, que no quiere molestarse en hacer nada. Si conoces a alguien que crees que está deprimido, pide por él. La depresión puede cegar a una persona y quitarle el gusto por la vida durante mucho tiempo. Todos debemos hacer algo por quienes la padecen. Tiende una mano y reza para que alguien la tome. Pide a Dios que lo libre de la depresión y lo rodee con sus ángeles.

Su ángel de la guarda y todos los demás ángeles de Dios se empeñan ya en sacar a esa persona de la depresión. Ésta es sólo un padecimiento mental más; hay muchas otras afecciones que pueden añadirse a la lista de los problemas de salud mental. Pero por graves que éstos parezcan, podemos mejorar, podemos salir de ese abismo, con la ayuda de nuestros familiares y amigos y de los ángeles presentes en nuestra vida. Están ahí para ayudarnos.

Oración para aligerar el peso de la depresión

Ayúdame, Señor, a dar un paso tras otro.
Me siento abatido, inútil, perdido en la depresión.
Sé que mi ángel guardián me sostiene en cada paso que doy,
el cual me pesa una tonelada.
Sé que él no permitirá que me rinda,
porque tú se lo has dicho, Dios mío.
Otros me abandonarán quizá,
pero mi ángel de la guarda no lo hará,
en cada uno de mis pasos.
Amén.

Éste es otro rezo para cuando sufres mentalmente o te sientes abatido, deprimido o inútil. Recuerda que no eres inútil. Superarás esta parte de tu vida y sonreirás de nuevo. Eres querido. Tu ángel guardián te ama. Él te ayudará a dar cada paso, y con el tiempo tus pasos se facilitarán. Te sentirás más feliz.

Tu ángel guardián quiere darte una oportunidad y brindarte apoyo para que puedas volver a vivir como antes. Debes saber que él te ayuda en cada paso del camino y te lo hace más fácil, porque quiere que seas feliz otra vez.

Oración para la protección de mi hijo

Protege a mi hijo, Señor,
en este momento de aflicción mental para él.
Que no sufra daño alguno
y sepa que lo amamos.
Amén.

Podrías hacer este rezo por un hijo o una hija. Es terrible para los padres ver que su hijo padece una afección mental. Temen por su ser querido. Podrían temer incluso que quiera quitarse la vida.

Desean que sepa que lo aman y están con él. Pueden pedirle a Dios que lo rodee con sus ángeles. Quieren que se recupere, que se sienta lleno de vida otra vez, que vuelva a ser él mismo.

Yo pido de esta forma por miles de personas en el mundo entero, de todas las edades, desde niños hasta ancianos. Ese milagro puede suceder con tu ayuda, si rezas por extraños, por personas que no conoces.

La oración es muy poderosa, capaz de hacer milagros, así que pide por quienes tienen un padecimiento mental, lo mismo que por sus familiares y amigos.

Oración para volar a salvo

Inmenso ángel debajo del avión,
levántalo como una pluma en el aire.
Ángel al frente del avión,
guíalo como a una pluma en el cielo.

Ángel detrás del avión,
ángeles bajo las alas del avión,
ángeles alrededor del avión,
guíenlo como una pluma en el cielo,
para que aterrice a salvo,
como una pluma;
para que aterrice a salvo en mi destino.
Amén.

Ésta es una plegaria que recito cada vez que vuelo. Sé que a muchas personas les da miedo volar, o se ponen incluso un poco nerviosas cuando se suben a un avión. Los aviones son muy seguros, pero esta oración puede ayudarte a que tu viaje sea lo más agradable posible. Te ayudará también a calmar tus nervios.

Yo le pido a Dios que rodee el avión con sus ángeles, y en especial con el enorme e increíble ángel que vuela debajo del avión. Este ángel es más grande que el avión mismo.

También está el hermoso ángel que vuela al frente de la nave para separar las nubes y atenuar las turbulencias. Lo invoco cuando el avión empieza a tambalearse, y le pido que lo mantenga lo más estable posible. Este ángel tiene una apariencia femenina. Cuando le pido que reduzca la turbulencia, veo que extiende los brazos para hacer a un lado las nubes y la turbulencia y serenar la atmósfera en torno al aeroplano.

Hay un ángel detrás de la nave que la resguarda de la atmósfera que la rodea, mientras que los ángeles bajo las alas ayudan al inmenso ángel que sostiene el avión, aunque se me ha dicho que este ángel no necesita ayuda en realidad. Es maravilloso saber que está ahí, igual que los demás ángeles que rodean el avión.

Pronuncio esta oración cada vez que me subo a un aeroplano. Tan pronto como me siento, la repito varias veces. En ocasiones, cuando hay una ligera turbulencia y veo que alguien se alarma, digo este rezo y le pido al ángel que está al frente del avión, al que está abajo, al de detrás, a los que están bajo las alas y alrededor de él que lo mantengan volando con suavidad a través del aire, como a una pluma, y nos lleven sanos y salvos a nuestro destino en tierra.

Por supuesto que cuando bajo del avión, siempre les doy gracias a los ángeles, y le agradezco a Dios que los haya mantenido ahí durante el vuelo.

Capítulo 4

Plegarias de protección

Oración para ser invisible

Hazme invisible, Señor mío.
Que nadie me vea
mientras atravieso por este peligro.
Cúbreme con el manto de tus ángeles
para que sea invisible
hasta hallarme a salvo.
Amén.

Ésta es una oración con la que puedes pedir protección cuando estés en la calle o el campo y tengas que volverte invisible mientras pasas por un peligro. En el mundo de hoy, todos necesitamos esta protección. Si vas por la calle, te topas con una riña y no puedes seguir otro camino que el de pasar junto a quienes pelean, di esta oración y pídele a Dios que te rodee con el manto de sus ángeles a fin de que esas personas no te vean. En el mundo actual, ningún lugar es seguro. Hoy hay mucha violencia, no sólo en las calles; también en muchos otros sitios. Reza mientras sigues tu camino para que los ángeles de Dios te vuelvan invisible hasta que logres ponerte a salvo.

He recomendado a muchos jóvenes recitar esta plegaria para que le pidan a Dios que los haga invisibles y los rodee con el manto de sus ángeles cuando atraviesen por un peligro, de manera que no sean vistos ni escuchados por gente violenta. Los ángeles cegarán al agresor cuando pasen junto a él.

Oración por la curación de quienes están llenos de odio

Te imploro, Dios mío, que envíes a todos tus ángeles.
Asiste a los que quieren hacer daño;
ayúdalos a oír a su ángel guardián.
Mueve su corazón con tu amor,
destruye su cólera y su odio,
para que cambien de parecer.
Auxílianos a todos para curarlos
y que no hagan más daño,
y hazles saber que los amamos
pese a que hagan cosas horribles.
Ayúdanos a ayudarles, Señor.
Amén.

Muchas personas me preguntan por qué habrían de pedir por quienes planean hacer cosas espantosas. Yo les digo que es porque su oración podría hacerlos cambiar de opinión. La oración es muy poderosa y la subestimamos. El poder de tu oración puede influir en alguien que porta una bomba o un arma con la cual lastimar a hombres, mujeres y niños, e incluso matarlos. Gracias a tu rezo, alguien podría decirle algo que toque su corazón y él podría cambiar de opinión, para curar así su odio e ira. Tenemos que enviarle amor.

Pienso que todos podemos enviar amor. Tú puedes enviar pensamientos amorosos. Si permites que tu alma esté presente en la oración contemplativa, eres capaz de enviar amor. Imagina a las personas a las que deseas hacer objeto de tu compasión; aun si no sabes cómo son, puedes imaginar que el amor las envuelve y las toca. Pide a Dios también que las rodee de amor para que haya esperanza de que cambiarán, escucharán, se conmoverán y sentirán piedad.

Ira, odio y venganza son un ciclo que no cesa de repetirse. Debemos romperlo con la oración y la bondad, con muestras de compasión y amor con las cuales tender una mano útil, demostrar nuestro interés y hacer saber que queremos que las cosas cambien para todos, sean quienes fueren. Tratar a todos con compasión y amor es tender una mano capaz de remediar esa cólera, odio y deseo de venganza, de romper ese círculo.

Oración por los que han hecho mal

Ayúdame, Señor, a perdonar a quienes han hecho mucho mal
pese a que mi corazón se resista a ello.
Dulcifica mi corazón, Dios mío;
ayúdame a rezar por los que piensan hacer demasiado mal.
Es muy difícil pedir por ellos, Señor,
pero si no lo hago ni los perdono,

sé que no tendremos esperanza,
porque no escucharán, y entonces no te oirán
y seguirán perjudicando a la humanidad.
Así que te pido, Señor, que socorras a quienes
hacen mucho mal, para que cambien de parecer
y el amor se implante en ellos.
Escucha mi plegaria, Señor mío.
Amén.

Todos debemos recitar esta oración. Hemos de pedir por quienes obran mal, por quienes hacen la guerra, por los que asesinan, por los que violan, por los terroristas, por los que sólo prestan oídos al otro lado, el mal. Debemos pedir que se detengan, escuchen y encuentren amor y compasión en su corazón. Tenemos que pedir que no quieran cobrar venganza de cosas del pasado. Como dijo el Ángel Hosus: "La guerra es fácil de hacer, pero la paz es lo más difícil de mantener". Es fácil hacer cosas malas.

Oración por la armonía y la paz

Envía, Señor, a tu Arcángel Miguel
para que mantenga mi país a salvo.
No permitas que haya guerra.
La gente de mi país necesita protección.
No queremos guerra.
La gente de mi país desea de todo corazón
vivir en paz y armonía.
Amén.

Pienso que deberíamos tener en mente esta oración todo el tiempo. Una y otra vez debemos pedir a Dios y a todos sus ángeles que no permitan que estalle la guerra en nuestros países. Pide paz y armonía para toda la gente de tu país y dile a Dios que deseas que los líderes de tu nación, el gobierno o el presidente, escuchen el mensaje de su ángel guardián de que no debe haber guerra en tu país.

Pide que cuando haya problemas, ellos escuchen a su ángel guardián y al Ángel de su Nación y descubran soluciones. Pide que escuchen también a la gente de tu país. Que se interesen en las necesidades de la población, así como en las de la naturaleza y los animales de tu país. Tu nación entera podría convertirse en un gran hogar para toda la gente, y ser un hogar del que te enorgullezcas y que harías todo por proteger.

Es muy importante que la guerra no llegue a tu nación, y por eso el Arcángel Miguel me dijo que la primera frase que debía poner en esa plegaria era la de pedirle a Dios que lo envíe para que mantenga tu país a salvo. El Arcángel Miguel es el defensor; hace todo por preservar la paz en cada nación, pero es un solo ángel, que ayuda a que todos estemos unidos. Algunas personas creen que él está ahí sólo para ellas, cuando lo cierto es que lo está para todos. El Arcángel Miguel no puede ser el ángel guardián de nadie, ayuda a todos por igual. Vivas donde vivas, pide que no haya guerra en tu país y que todas las naciones que están en conflicto encuentren la paz. Esto es muy importante.

Oración para que la guerra llegue a su fin

¡Ayúdanos, Señor!
La guerra desgarra a mi país.
La devastación de la guerra en mi nación es increíble.
Mata a los niños, o mueren de hambre;
destruye a las familias.
Resta poco que comer o beber.
Estamos tan abatidos, tan desesperados,
que clamamos ayuda,
pero no llega, nadie nos oye.
Tú eres ahora mi única esperanza, Dios mío.
Haz que los líderes del mundo escuchen
y detengan esta guerra.
Amén.

La guerra trae consigo múltiples horrores, y cuando se vive en un país donde no la hay, es difícil comprenderla. Tendemos a cerrar los ojos. Aunque no lo queramos, nos decimos: "Si no me afecta, todo está bien".

Levantamos una barrera enorme, una pared inmensa entre "ellos" y "nosotros". Hacemos todo lo posible por no sentir emoción o pesadumbre por lo que les sucede a personas como nosotros, pero que viven en un país destrozado por la guerra, cuando nos enteramos de que sus familias han sido destruidas o lo vemos en las noticias. Cuando este horror llama nuestra atención —hacia un país donde hay guerra—, nuestro corazón se abre en ese momento y damos un poco de él, pero después lo cerramos de nuevo.

Proseguimos con nuestra vida y fingimos que todo el mundo vive como tú y como yo, en paz y armonía, con los altibajos normales de la vida. Pero no es el caso en un país donde hay tal devastación, en una nación desgarrada por la guerra. No hay lugar seguro ahí para ningún hombre, mujer o niño; viven con temor todos los días. Ésta es una pesadilla que parece no tener fin.

Este rezo te recuerda que donde hay guerra, la gente común necesita ayuda. No quiere la guerra. Desea paz y armonía en su país; pero a causa de la política, el poder, el dinero y el control, eso escapa muchas veces de las manos de la gente común. Lo único que quiere es sacar adelante a su familia. Desea que sus hijos vayan a la escuela, jueguen, rían, crezcan; quiere tener nietos, pero un conflicto bélico no permite nada de eso. Nunca des por sentado lo que tienes, porque la guerra podría llegar a tu país. Trabajemos juntos, todos los habitantes del planeta, por la paz.

Oración para dar gracias a Dios por la paz

Gracias, Dios mío, de que el mundo escuchó:
ya hay paz en mi país.
No tememos más;
nuestros hijos han dejado de llorar,
tenemos agua, techo y comida.
Gracias, Señor, por enviar al Ángel de la Esperanza
a mi país.
Ahora el mundo nos ayuda a juntar las piezas.
Vivimos ya en amor y armonía entre nosotros.

Gracias, Dios mío, por protegernos.
Trabajo mucho ahora, construyo una casa para mis hijos,
sabiendo que no se arrojarán más bombas,
que ninguna bala dejará sin vida a mis seres queridos.
¡Qué maravillosa es ahora la vida!
Gracias, Señor,
por permitirnos vivir en paz,
aunque yo pise los escombros que la guerra dejó en mi país.
Sonrío y te agradezco, Dios mío, que hayas hecho
escuchar al mundo.
Amén.

Ésta es una plegaria de alegría y felicidad por el fin de todos los espantos y terrores. Todos vivimos en paz ahora. Aunque pises los escombros de tu ciudad o tu casa, la guerra ha terminado. ¡Qué refrescante ha de sentirse que el miedo desaparezca por completo! Ya no se arrojan bombas ni vuelan balas en todas direcciones.

Ahora puedes empezar a construir una casa para el futuro. Las escuelas, las tiendas, toda la vida vuelve poco a poco a la normalidad mientras se retiran los escombros y tú oyes la risa de los niños. Sabes que ellos han sufrido traumas muy severos, pero hacen lo posible por reunir las piezas y seguir adelante con su vida. Ayudarán a sus padres. Regresarán contentos a la escuela, a sus juegos. Hombres y mujeres trabajarán con ahínco para hacer nuevamente de su país un lugar hermoso y tranquilo.

Oración para hacer el bien

Ayúdame, Dios mío,
a cambiar el mundo, por el bien de la humanidad
y la naturaleza.
Envía a tus ángeles para que me recuerden que debo
hacer el bien todos los días,
por pequeño que ese acto pueda ser.
Amén.

Muchas personas me han dicho que quieren cambiar el mundo, así que ésta es una breve oración que puedes recitar con ese fin, para que tomes conciencia de lo que te rodea y lo precioso que es, así como de lo maravillosa que es también la humanidad. Con cada pequeño acto de bondad, todos podemos cambiar el mundo.

Aunque una persona no puede hacerlo sola, es igualmente cierto que todos tenemos un papel importante que desempeñar, y debemos desempeñarlo todos los días de nuestra vida. Tenemos que conservar siempre ese poco de conciencia sobre cambiar el mundo, sobre convertirlo en un lugar mejor para la naturaleza y nosotros mismos, en nuestra mente y nuestro corazón.

Hay numerosas plegarias acerca de cambiar el mundo que es posible pronunciar a diario, pero cuando las digas es importante que pidas a Dios que te ayude a cambiar el mundo con todos esos pequeños actos de bondad que son tan valiosos, sea cual fuere su tamaño. El mundo no podrá cambiar sin esas acciones. Así, cuando abras los ojos cada mañana, pide a tu ángel de la guarda te recuerde que hiciste esa oración, quizá hace varios meses o años, y le pediste a Dios que te ayudara a cambiar el mundo, a transformarlo en un lugar mejor y más hermoso.

Pídele a tu ángel guardián que te ayude a empezar a hacerlo ese día. Esto podría consistir en decirle a alguien una palabra amable, o brindarle una sonrisa, o auxiliar a alguien a estacionar su automóvil. Podrías tropezar con un individuo un poco estresado porque no encuentra un domicilio particular y ofrecerle asistencia.

Ayuda a la naturaleza en tu jardín o en tu comunidad, tiéndele una mano amiga. Todas las pequeñas cosas contribuyen a que el mundo cambie y sea un mejor lugar donde vivir para toda la humanidad y la naturaleza.

Capítulo 5

Plegarias para pedir perseverancia, resistencia y esperanza

Oración para vivir saludablemente

Ángel de mi guarda,
te pido que implores a Dios que envíe a todos
sus ángeles a ayudarme.
Quiero bajar de peso, pero me falta
motivación para hacerlo.
Rodéame de todos los ángeles posibles.
Que mis amigos oigan a su ángel guardián
para que me animen a bajar de peso.
No puedo hacerlo solo,
es muy difícil.
Necesito ayuda,
ángel de mi guarda.
Amén.

Esta oración para bajar de peso te permitirá ver que necesitas la ayuda de los demás: tus familiares y amigos. Le pides a tu ángel de la guarda que implore a Dios y te rodee de ángeles. Lo más importante de este rezo es que ruegas que todos tus familiares y amigos, y otras personas presentes en tu vida, también oigan a su ángel guardián, hagan su parte y te den la motivación y el aliento que necesitas para bajar de peso.

Esta oración hace posible que reconozcas lo difícil que es cumplir ese propósito, y que no podrías hacerlo solo. Todos precisamos de una mano útil en cada aspecto de nuestra vida, y no debemos temer pedirla en la oración y requerir la asistencia de nuestros familiares y amigos.

Oración para detener la obesidad

Estoy obeso, Dios mío.
Odio admitirlo, pero debo hacerlo.
Perdí el camino y lo quiero recuperar,
quiero estar sano otra vez.
Estoy harto de no poder hacer cosas ordinarias,
que la mayoría de la gente da por sentadas.
Engordé mucho. Debo decir esto en voz alta, Dios mío,
ángel de mi guarda, para que yo también lo oiga.
Deseo bajar de peso y volver a vivir,
¡ayúdenme!
Amén.

Esta plegaria es para que admitas en voz alta, dicho por ti mismo, que te has puesto obeso. Permite que estas palabras resuenen en tus oídos, para que las escuches con claridad en tu cabeza y sepas en tu corazón que deseas cambiar, que quieres estar sano de nuevo. Quieres ser capaz de hacer cosas ordinarias que ahora te resultan extenuantes.

Esta oración te asistirá para que recuerdes en qué momento perdiste el camino, cuándo empezaste a subir de peso. Al mirar atrás, tal vez adviertas que sufriste una decepción, o que te sentías solo o deprimido. Admite que pudo haberse tratado de la pérdida de un ser querido o de alguien que te rompió el corazón.

Piensas en voz alta y admites que quieres cambiar, que tu deseo de volver a tener un cuerpo y una mente sanos —porque ambas cosas van de la mano— es muy intenso. Sé que esto es muy difícil para muchas personas, pero tu ángel de la guarda cree en ti y sabe que lo lograrás, y tú también debes creer en ti mismo.

Oración para hacer ejercicio

Ángel de mi guarda, dame fuerzas hoy,
concédeme el estímulo que necesito para levantarme
y salir a caminar,
ir a nadar o andar en bicicleta.
Manda a un amigo o pariente que me pida acompañarlo
y me aliente a salir al aire fresco.
Amén.

Este pequeño rezo es para que tu ángel de la guarda te dé un poco de ánimo, y tú también. Deja que por tu mente pase el pensamiento de salir a dar un paseo, andar en bicicleta o ir a nadar y no pierdas la esperanza de que uno de tus familiares o amigos oiga que su ángel de la guarda lo exhorta a invitarte a dar un paseo con él, a salir al aire fresco y a reanimarse él por igual.

Recuerda que tu ángel guardián podría hacer, asimismo, que sea a ti a quien se le ocurra llamar a un amigo o pariente para invitarlo a dar un paseo, salir a correr o a andar en bici, o a realizar cualquier otra actividad de este tipo.

Oración para remediar un trastorno alimentario

Escucha mi ruego, Dios mío;
tengo un trastorno alimentario que está destruyendo mi vida.
Estoy tan enfermo que ya no me queda energía,
no quiero comer.
Oigo que mi ángel de la guarda me dice a diario
que debo comer; sé que debo hacerlo.
Ayúdame, Señor, a comer y recuperar mi fuerza y energía,
devuelve a mi rostro la sonrisa.
Amén.

Éste es un grito de ayuda si tienes un trastorno alimentario y quieres recobrar la salud. Hay muchos tipos de trastornos alimentarios; ignoro los nombres de todos. Es probable que los dos más comunes sean subir demasiado de peso sin que resulte fácil dejar de comer, y no comer y convertirse en anoréxico.

Esta oración puede auxiliarte cuando tienes un trastorno

de esa naturaleza. Es un grito de ayuda dirigido a Dios y a tu ángel guardián, aunque debes recordar que también tienes que ayudarte a ti mismo. Debes tener el deseo de sanar. Debes empeñarte en saltar a diario todos los obstáculos y hacer lo que tu médico y tu nutriólogo te dicen, a fin de que estés más fuerte cada día y tu energía mejore con el tiempo. Es así como recuperarás tu sonrisa.

Nunca debemos olvidar que la oración mueve montañas en todos los aspectos de nuestra vida, aunque debes poner algo de tu parte al mismo tiempo. Dios no te obligará a que comas, tampoco tu ángel de la guarda; tú tienes que hacer eso. Pero debes saber que tu ángel guardián estará ahí para darte aliento y fortaleza.

Oración para subir de peso

Ayúdame, Señor, a recuperar mi peso.
Mi ángel de la guarda dice que puedo hacerlo,
así que sé que puedo.
Él no me habría dicho esas palabras
si tú no le hubieras pedido que me las murmurara al oído.
Así que gracias, Señor. Sé que puedo hacerlo.
Sé que puedo comer y recuperar mi peso.
Amén.

En esta pequeña plegaria reconoces las palabras que has oído decir a tu ángel, el cual ha susurrado en tu oído para alentarte a comer, y admites que sabes que puedes hacerlo gracias a esas palabras de tu ángel guardián.

Más todavía, reconoces que tu ángel no te habría dicho esas cosas si Dios no le hubiera pedido hacerlo. Saber que Dios está seguro de que lo lograrás te da aún más fuerza y estímulo para volver a ser una persona saludable y para que vivas con la certeza de que eres amado.

Oración para cuando estás lejos de casa

Te agradezco, Señor, por todas las bendiciones que me has dado.
Estoy lejos de casa, trabajando en un país extranjero,
y tengo miedo.
Haz que me acostumbre a la cultura de esta nación.
Recuérdame respetar a las personas y circunstancias que me rodean.
Haz que me sienta en casa en este país desconocido
durante mi estadía en él.
Gracias, Dios mío.
Amén.

Ésta es una oración muy especial para cuando alguien va al extranjero, a un país con tradiciones y cultura completamente diferentes de las suyas. Es para pedirle a Dios y a sus ángeles que te permitan comprender la cultura y tradiciones de la gente de ese país, así como a respetarlas y respetar tus circunstancias. Más aún, pides a Dios y a los ángeles que te asistan para que te sientas en casa durante tu estancia en esa nación, a fin de que puedas trabajar en armonía con aquellas personas y conseguir su amistad.

Sea cual fuere la labor que realices, cuando trabajas en el extranjero, en ocasiones es útil pensar cómo se sentirían otras personas si tuvieran que trabajar en tu país; quizá se sentirían como tú, extraño en un país desconocido.

Cada vez que veas a alguien en esa nación, debes saber que tiene también un ángel guardián, como tú, y que ese ángel le murmura al oído para guiarlo por la vida.

Oración para serenarse

Trabajaré lejos de mi hogar, Dios mío,
durante un corto periodo.
Te pido que me rodees con tus ángeles
y que mi ángel guardián me mantenga a salvo
hasta que vuelva a casa.
Amén.

Muchos de nosotros laboramos lejos de casa en diferentes momentos. A veces no dejamos las costas de nuestro país, pero de vez en cuando tenemos que volar una distancia corta y pasar la noche en otra nación. Esta encantadora plegaria le recuerda a Dios que trabajas lejos de tu hogar y que aun si sólo te ausentarás unas horas o un par de días, deseas que te rodee con sus ángeles. Le recuerdas a tu ángel de la guarda que te mantenga a salvo hasta que regreses a casa.

Oración para sobrellevar la nostalgia

Gracias por mi trabajo, Dios mío,
pese a que me haya alejado de casa.
En estos momentos
extraño a mi familia y siento nostalgia.
No me malinterpretes, Señor;
me gusta mi trabajo y te doy gracias por él.
Cuando concluya mis tareas,
llévame a casa con mi familia.
Amén.

Ésta es una de las oraciones que más me gustan. En ella le agradeces a Dios el empleo que tienes y el trabajo que realizas, pero, por otro lado, también le reclamas, porque tus responsabilidades te apartan de tu hogar, tus seres queridos y tu país, así sea sólo un par de veces al año.

Haces saber a Dios tu añoranza y lo mucho que echas de menos a tu familia, y le dices que no te entienda mal: tu trabajo te agrada y estás muy agradecido por él; te sientes feliz con tu empleo y le das gracias a Dios por todo eso.

Me encanta esta plegaria. Toca mi corazón.

Capítulo 6

Plegarias para fomentar la armonía familiar

Oración por mi hijo que trabaja en el extranjero

Soy padre como tú, Señor.
Todos somos hijos tuyos,
pero yo nada más tengo uno
y tuvo que ir a un país extranjero
a buscar trabajo.
Te pido, Dios mío, y a todos tus ángeles,
que consiga trabajo y esté a salvo,
y que sea feliz y encuentre el amor.
Gracias.
Amén.

Este rezo es para ti si eres padre e invocas a Dios; y aun si no eres padre todavía, quizás algún día lo serás. Eres un padre en cualquier parte del mundo, de cualquier nacionalidad, y le recuerdas a Dios que lo eres igual que él, y que te angustia que tu hijo haya tenido que ir al extranjero, a otro país, a buscar empleo.

Pides a Dios y a sus ángeles que ayuden a tu hijo a conseguir trabajo. En esta plegaria, y a causa del amor que sientes por tu hijo —amor que todo padre posee—, pides también que él sea feliz y encuentre el amor, porque no quieres que se sienta solo en un país desconocido.

Oración por mi único hijo

Soy padre, Señor, y sé que escuchas a muchos
otros padres del mundo
y que cada uno de ellos es hijo tuyo.
Te ruego que protejas a mi hijo,
el único que tengo.
Gracias, Dios mío.
Amén.

Le recuerdas a Dios nuevamente, en esta breve oración, que eres padre, pero sabes que él oye cada segundo a millones de padres del mundo entero y que cada uno de ellos es su hijo, pese a lo cual le ruegas que proteja a uno de sus hijos, el pequeño que él te encomendó.

Le recuerdas que ése es el único hijo que tienes y que no te bendijo con más, así que haces cuanto puedes por resguardar a esa única criatura que él te encomendó, y por ser el mejor padre posible.

Oración para ver a mis nietos

Sabes que soy madre, Dios mío.
Mi hija encontró el amor y se casó hace mucho
y años después se mudó con su esposo a otro país.
Tienen dos hermosos hijos y los extraño mucho, Señor.
¿Sería posible que obraras el milagro
de que vaya a visitar a mis nietos
y pase un poco de tiempo con ellos,
o de que vengan a verme,
así sea sólo un momento?
Sé que pido mucho, Dios mío,
pero imploro a mi ángel guardián y a todos
tus ángeles que te lo supliquen.
Amén.

Este rezo sale del corazón de una madre, quien dice a Dios cuánto quiere a su hija y al hombre con quien se casó, lo mismo que a sus dos hijos. Como madre, le alegró mucho ver a su hija felizmente casada, pero también le hace saber a Dios que ella, su yerno y sus hijos tuvieron que emigrar al extranjero, y que echa mucho de menos a sus nietos.

Le pregunta entonces si existe alguna posibilidad de que haga un milagro para que pueda ver en ocasiones a sus nietos y pasar con ellos un poco de tiempo de calidad. Sabe que es mucho lo que pide, pero lo solicita a Dios de todas maneras.

En todo el mundo hay ahora abuelos que no tienen la oportunidad de ver a sus nietos para darles abrazos y amor. Sé que disponemos de Skype, y que una abuela puede ver y hablar con sus nietos por internet, pero esto es posible sólo en algunos países, y no es lo mismo que verlos en la vida real.

Digo esta oración también por todas las abuelas, para que puedan pasar tiempo de calidad con sus nietos.

Oración para ayudar a un desconocido

Ayúdame, Señor, a ayudar a un desconocido
lo más seguido posible.
A veces, cuando veo a un extraño,
lo miro con desdén.
Perdóname por esto, Dios mío.
Mis ojos se cierran y no lo veo
como un ser humano,
una persona ordinaria como yo.
Abre mis ojos y mi corazón
para que tienda la mano a los desconocidos
como tú lo hiciste cuando estuviste en la Tierra.
Amén.

Esta oración te recuerda que no debes cerrar los ojos ni el corazón cuando veas a un desconocido necesitado de ayuda. Le pides a Dios que te perdone porque, en ocasiones, cuando ves a un extraño, lo miras con desdén, e incluso quizá con horror. Esto podría deberse a que no lo conoces, o a que es un mendigo, alguien pobre y sin estudios, o un drogadicto o alcohólico.

Le pides a Dios que cambie tus sentimientos para que seas capaz de ver a un desconocido de otra manera, como una persona, y sientas amor y compasión por él. Quizá sólo requiera un poco de asistencia para cambiar de vida y tener esperanzas.

Oración para tender la mano

Cuando veo a un desconocido que necesita ayuda,
Señor,
perdona que tema acercarme y socorrerlo.
Ahora, cuando veo a uno en la calle,
pienso que podría ser mi hijo en otro país,
que ha perdido el rumbo, desabrigado y hambriento.
Aparta de mí ese temor, y que tus ángeles
me ayuden a tenderle la mano
a ese desconocido.
Amén.

Hay otro pequeño recordatorio en este rezo acerca de cuánto tememos a los extraños; pero cuando, en la calle, vemos de lejos a un desconocido que mendiga, envuelto en una cobija o tendido en un cartón, debemos reconocer que podría tratarse de uno de nuestros seres queridos.

Piensa que podría ser tu hijo o tu ser amado, y en esta oración puedes darle gracias a Dios por ayudarte a comprender que el extraño que miras al otro lado de la calle no es tu hijo ni tu ser amado, pero sí el de otra persona. Ese desconocido tiene madre y padre, y un hermano o amigo en algún lugar, y también es hijo de Dios.

Oración para pedir fortaleza

Imploro a todos los ángeles que pidan a Dios
que me ayude a ser más fuerte,
a hacer lo correcto por los demás
aunque me sea sumamente difícil.
¡Y vaya que lo es, Señor!
Dame fuerza, valor y seguridad
para hacer lo correcto
y no pensar siempre en mí.
Gracias, Dios mío.
Amén.

Muchos tenemos grandes dificultades para hacer lo correcto, en especial si estamos involucrados en una situación determinada. Quizá querríamos justificarnos, aunque en el fondo sabemos que somos parcialmente culpables. En esta plegaria le pides a Dios que te dé valentía y seguridad para corregir la situación y hacer lo que es mejor para la otra persona y para ti con verdad y sinceridad.

No se trata sólo de ver el problema desde tu perspectiva, sino también desde el enfoque de la otra persona, y advertir la pieza intermedia te permitirá hacer lo correcto. Sea que sepas que debes asumir toda la culpa o sólo una parte de ella, reconocer en tu interior que haces lo correcto te quitará un gran peso de encima, y saber que lo hiciste por las mejores razones y sin enojo ni envidia te hará sentir más feliz.

Hiciste lo correcto porque tienes amor en tu corazón, y deseas tenerlo siempre.

Oración a los ángeles guardianes de mi familia

Ángel de mi guarda, te pido que me asistas.
Sé que te ruego a diario,
sabes que le pido a Dios
que les diga a los ángeles guardianes de mis hermanos
y hermanas,
de mi mamá, papá y toda la familia,
que les murmuren al oído
que no discutan
todo el tiempo ni peleen.
Ángel de mi guarda, me encantaría ver a mi familia
convertida en una gran familia y feliz de nuevo.
Implora entonces a sus ángeles guardianes
que no cesen de susurrarles
que se amen.
Amén.

En esta oración les pides a Dios, tu ángel de la guarda y los ángeles guardianes de todos los miembros de tu familia que den paz y amor a ésta, porque la amas y detestas ver pelear a sus miembros, o enojarse y no dirigirse la palabra durante años. Esto te rompe el corazón y te gustaría ver a tu familia unida en armonía.

Muchas familias de todo el mundo me piden que rece por ellas y que ruegue a los ángeles que las incluyan en el pergamino de oraciones que llevan hasta el Trono de Dios. Esas familias suelen requerir rezos que pongan fin a los pleitos, impongan la paz y hagan que sus integrantes se abracen con amor. Yo les digo siempre que abran la puerta o hagan una llamada telefónica. Si la persona en el otro extremo cuelga, no hay problema; pueden enviarle una tarjeta y decirle simplemente que la aman.

Sea cual sea tu religión, la familia es muy importante. En ocasiones decimos que nos llevamos mejor con quienes no son familiares nuestros, pero tu familia es de suma importancia: tu mamá y tu papá, tus hermanas y hermanos. Recuerda que elegiste a tu mamá y a tu papá. Escogiste a tu familia antes siquiera de que fueras concebido, y lo supiste todo acerca de sus miembros; sentiste por ellos un amor incondicional. De niño conservaste ese mismo amor dentro de ti, así que aún está ahí.

Todos necesitamos a nuestra familia en diferentes momentos de la vida, de modo que abre esa puerta. Ve lo que puedes hacer para reparar con gentileza ese puente. Cualquiera que sea tu religión, las festividades y celebraciones religiosas son un buen momento para enviar una tarjeta en la que les hagas saber a tus familiares que los amas y que siempre están en tus oraciones. Mantén abierta la puerta. Si tienes hijos, permite que conozcan a tu familia, primos, sobrinos y sobrinas.

Tus hijos tienen derecho a saber todo sobre tu familia. He conocido muchos primos, sobrinos y sobrinas que me han contado que se enteraron de su mutua existencia cuando ya tenían más de veinte años; no se conocieron antes debido a disputas familiares. Esas sobrinas y sobrinos se llevan espléndidamente ahora, y no toman en cuenta las desavenencias familiares del pasado, así que no les niegues a tus hijos el derecho a conocer a su familia, sin que importe lo que haya sucedido.

Oración por mí y mis seres queridos

Ayúdame, Dios mío, a fortalecer mi relación
con mis seres queridos.
No es muy sólida,
se rompe siempre.
Los amo,
me preocupo todo el tiempo por ellos.
Rodéalos con tus ángeles.
Amén.

Le haces saber a Dios lo difícil que a veces te resulta querer a quienes están más cerca de ti: tus familiares y amigos. Has notado el deterioro de tu relación con ellos y pides fortaleza, porque los amas.

Oración por la armonía entre hermanos

Amo a mi hermanos, Señor, pero siempre discutimos.
Cuando hablamos, nos herimos unos a otros.
Aunque no quiera, Dios mío,
siempre digo algo malo.
Ayúdame a ser más sensible y afectuoso con ellos.
Rodéalos con tus amorosos ángeles.
Amén.

En ocasiones, los hermanos no se llevan bien en diferentes momentos de la vida. En este pequeño rezo, le pides a Dios que rodee a tus hermanos con sus amorosos ángeles y que tú seas más sensible y comprensivo con ellos, sus circunstancias y las diferencias entre ustedes.

Esta oración trata, sobre todo, del amor que sientes por tus hermanos, y del motivo de que para ti sea tan importante no discutir con ellos ni lastimarlos o lastimarte a ti mismo. Versa del amor entre los hermanos.

Oración por las hermanas

Gracias, Dios mío, por mi hermana.
Quisiera abrazarla con amor,
porque significa mucho para mí.
Gracias, Dios mío, por mi hermana,
porque es la mejor del mundo.
Sé que no hay nadie como ella.
Por cierto, se llama ___________.
Amén.

Ésta es una plegaria para dar gracias a Dios por la hermana que te ha dado, quien está presente en tu vida. Le haces saber a Dios que la quieres y deseas abrazarla con amor.

Oración por los hermanos

Quisiera rodear con mis brazos a mi hermano, Señor,
y decirle que lo quiero.
Es el mejor hermano del mundo y tú me lo diste.
Gracias por mi hermano,
quien, por cierto, se llama ___________.

Lo quiero.
Gracias, Dios mío, por mi hermano.
Amén.

Ésta es una oración en la que das gracias a Dios de que te haya dado un hermano, de que lo tengas en tu vida. Quieres que Dios sepa que amas a tu hermano, cuyo nombre le recuerdas, aunque él no lo ha olvidado. ¡Cómo podría hacerlo, si tu hermano y tú son hijos suyos! Le cuentas de la encantadora sonrisa de tu hermano y de las bromas que hace siempre, así como de los momentos en que ofrece ayuda cuando algo debe hacerse.

Siempre siento que es muy importante agradecerle a Dios y recordarle a nuestros hermanos y hermanas, a nuestra familia, lo mismo que pedirle que los rodee con sus ángeles; que los mantenga a salvo y los colme de sonrisas para que sean felices.

Le pides a Dios que ellos se conviertan en personas maravillosas y formen su propia familia; que los bendiga con hijos que se amen unos a otros, como le dices a Dios que tú amas a tus hermanos.

Oración por tu abuela

Sólo quiero que sepas, Dios mío, que amo a mi abuela.
Ha estado presente en mi vida desde niña
y ahora soy adulta y tengo hijos.
Ya es anciana y está débil.
Me enseñó mucho y yo les transmito
a mis hijos todos sus consejos.

Amo a mi abuela, Señor;
sólo quiero recordártelo,
y que es la mejor abuela que haya podido tener.
Gracias, Dios mío.
Amén.

Ésta es la plegaria de una madre cuya abuela es ya una anciana y está muy débil. Cuando mires a tu abuela sentada en su sillón mientras tu pequeña o pequeño le habla, piensa que un día tú también serás abuela. En esta oración expresas tu esperanza de ser una abuela tan buena como ella lo fue contigo. Le recuerdas a Dios lo mucho que la quieres y que, por lo que a ti respecta, es la mejor abuela del mundo.

Capítulo 7

Señor, ayúdame en mi dolor

Las oraciones por los muertos son inútiles, porque no necesitan de ellas, pero aquí está una para quienes ven acercarse su hora.

Oración para aceptar el hecho de que morirás

Ayúdame, Dios mío, y dame paz.
Me cuesta mucho aceptar que moriré.
Llévate mi angustia y mi miedo
a sentirme incapaz y desvalido.
Lléname de paz y amor.
Ayúdame a gozar el tiempo que me queda
con mis familiares y amigos,
a sentir tu amor y presencia,
y a tus ángeles a mi alrededor.
Ayúdame a aceptar que moriré,
para que esté preparado.
Amén.

Esta oración es para que aceptes que tienes una enfermedad terminal o que sufriste un horrible accidente y sabes que fallecerás. No te sientes preparado para ello, y eso puede ser aterrador. Esta plegaria contribuirá a que no te sientas así, porque la paz de Dios te inundará. Sólo quienes enfrentan una situación de esa clase comprenderán este rezo.

Nadie muere solo. Tu ángel guardián recoge tu alma, y tus seres queridos que fallecieron antes que tú toman tu mano junto con los ángeles y te llevan al cielo, en medio del amor y la paz.

Oración por mis abuelos

Envía, Señor, todos tus Ángeles Sanadores a mis abuelos,
tiende sobre ellos tu mano curativa.
Permite que tu gracia los haga sentir bien otra vez.
Gracias por velar por ellos
durante toda su vida.
Gracias, Dios mío, por mi abuelos.
Amén.

Recibo muchas cartas de jóvenes que me solicitan rezar por sus abuelos, porque ya son muy ancianos o están enfermos o moribundos. Éste es un ejemplo de lo que los jóvenes me escriben:

> Ayuda a mis abuelos, Señor; para nosotros han sido los mejores abuelos del mundo. Mis hermanos, hermanas y yo los queremos mucho, pasamos mucho tiempo con

> ellos. Voy a verlos cuando salgo de la escuela y siempre tienen un bocadillo para mí. Últimamente no han estado bien, y eso me preocupa.
>
> Bien sabes, Dios mío, que tengo apenas diecisiete años y creí que mis abuelos vivirían por siempre, pero ahora sé que no es así. Sólo quiero que los cuides, Dios mío. A mi abuelita le tembló la mano el otro día mientras me tendía una galleta. Sé que algún día te los llevarás al cielo.
>
> Llévatelos con delicadeza cuando llegue la hora, que espero no sea pronto, porque eso me hará sufrir. No sé cómo enfrentaré la pérdida de mis abuelos, porque los quiero mucho.

Ésta es la oración de un joven que le pide a Dios por sus abuelos y se da cuenta por primera vez de que han envejecido. Nunca notó esto de niño, pero ahora es un adolescente. Le hace saber a Dios que sus abuelos han sido muy importantes en su vida y que a sus hermanos y a él les fascina ir a verlos después de clases y compartir con ellos todas las celebraciones familiares.

Agradece todo el amor y bondad que sus abuelos le han mostrado. Este joven le recuerda a Dios todo eso y le dice que cuando se los lleve al cielo, le romperá el corazón. Esta plegaria es un simple recordatorio a Dios de que él espera que no suceda en mucho tiempo, porque ama a sus abuelos.

Cuando un chico está muy cerca de su abuela o abuelo y Dios se los lleva al cielo, es importante que los adultos recuerden que el chico sufre tanto como ellos. Al paso de los años, he conocido a muchos chicos para quienes la pérdida de sus muy queridos abuelos fue una experiencia devastadora. A veces los jóvenes no hablan de ello, porque su pena es muy grande; otras, no cesan de llorar o, según los padres, se vuelven agresivos, cuando ésta no es la verdad.

Sólo intentan expresar el dolor y la aflicción que sienten, así que no hay que olvidar hablar con los chicos sobre la pérdida de sus abuelos. Puede hablarse todo el año de las cosas que les gustaba hacer, o de cosas que ellos hacían que molestaban a todos.

Diles a tus hijos que a sus abuelos les agradaba recordar lo bueno y divertido, igual que todos los momentos que pasaban juntos.

Oración de un niño a Dios

¿Por qué te llevaste al cielo a mi hermano, Dios mío?
Lo extraño mucho.
Todos los días lo busco cuando regreso de la escuela;
olvido que ya está en el cielo.
¿No pudiste dejarlo conmigo
para que creciéramos juntos?
Quizá lo entienda cuando sea grande.
Ahora no, Señor, porque apenas soy un niño.
Amén.

Este otro rezo es de un niño que perdió a su hermano menor, no puede entenderlo y le pregunta a Dios por qué se lo llevó. Olvida constantemente que su hermano se ha marchado y se ha ido al cielo. Le reclama a Dios, diciendo: "¿Por qué no lo dejaste conmigo?".

Una oración de un niño a Dios es como un cuento. He aquí las palabras que los ángeles me dieron para esta plegaria. El ángel dijo: "Hay muchos niños en el mundo cuyo ángel de la guarda los despierta mientras duermen para decirles que corran a la recámara de su hermano, porque está partiendo al cielo".

Ésta es una oración de un niño sobre ese día.

Me despertaste de mi sueño, Dios mío.
Escuché a mi ángel guardián murmurar
en mi oído:
"Tu hermana se está yendo al cielo".
Cuando abrí la puerta de su cuarto,
la vi, envuelta por las alas
de su ángel guardián.
Parecía que dormía.
El cuarto estaba lleno de ángeles,
¡brillaba tanto, Señor!
Corrí con mamá y papá
e intenté no llorar
pero no pude.
Mis papás cargaron a mi hermana.
Me quedé junto a ellos, papá me rodeó
con su brazo.
El alma de mi hermana ya estaba
al otro lado de la cama,
rodeada por las alas de su ángel guardián.
Se veía muy bonita.

Sollocé y le dije: "¡No te vayas, por favor!".
Ella me contestó
y dijo: "Debo hacerlo, voy a casa,
ya no estoy enferma".
Miró a su ángel guardián
y éste a ella.
Mi hermana volteó,
me dedicó una gran sonrisa y se fue.
Sólo quería decírtelo, Dios mío.
Amén.

Los ángeles me hablaron de estos hechos acerca de un niño que le cuenta a Dios en una oración la historia de cómo su hermana se fue al cielo. Le cuenta a Dios de aquella noche en la que su ángel de la guarda lo despertó de su sueño y él reaccionó de inmediato, sin titubear, y se le permitió ver un momento el alma de su hermana con su ángel guardián. Por supuesto, le pidió que no se fuera.

Es muy común que un chico no recuerde esto después de su duelo, pero en ocasiones regresa a su memoria por intermediación de su ángel guardián o del alma del hermano o hermana que perdió, para que sepa que no está solo, que también tiene un bello ángel de la guarda.

Un día se le recuerda que volverá a ver a su hermano o hermana, aunque no en mucho tiempo, sino hasta que él se vaya al cielo también, cuando sea un anciano, tenga seres queridos que fallecieron antes que él y tenga incluso hijos y nietos.

Capítulo 8

Plegarias para pedir el valor de seguir nuestro camino en la vida

Oración por los desempleados

Te imploro, Dios mío, que me envíes a todos tus ángeles.
Estoy desempleado y necesito todo el auxilio del mundo,
así que manda a tus ángeles para que me ayuden a
conseguir trabajo.
Lo busco a diario y temo nunca tener empleo otra vez.
Soy una persona buena y trabajadora, Señor,
así que ayúdame a encontrar trabajo.
Amén.

Esto podría sucederle a cualquiera. Tú podrías quedarte sin trabajo sin que sea culpa tuya, y buscar en vano un empleo durante un tiempo. Estás desesperado y tu última esperanza es rezar, pedirle a Dios que envíe a todos sus ángeles para que te ayuden a encontrar trabajo.

Oración para encontrar empleo

Estoy desempleado, Señor, y he perdido toda esperanza.
Me siento deprimido y extraviado,
es como si caminara en círculos.
Me siento inútil por no tener empleo.
Ayúdame, Dios mío, a conseguir trabajo.
Estoy tan desesperado que aceptaría cualquier cosa,
limpiaría pisos. Sólo necesito un empleo
para recuperar mi autoestima.
Ayúdame, Señor, a conseguir trabajo,
cualquiera que sea.
Amén.

Éste es el rezo de una mujer o un hombre que se siente perdido y deprimido porque está desempleado. En él, le suplica a Dios que le ayude a encontrar algún trabajo. Su desesperación es obvia; no quiere renunciar a la esperanza de conseguir empleo, dice que hará cualquier tipo de trabajo, incluso limpiar pisos. Les hace saber a Dios y a sus ángeles que trabajará de lo que sea.

En el mundo actual, la brecha entre ricos y pobres ha crecido mucho. Todos debemos cerrarla. Si eres pobre, no es tu culpa; no es culpa tuya que lo seas, porque trabajas mucho. Haces cuanto puedes por hacerles a tus hijos un poco más llevadera la vida. Deseas ver un futuro, pero el mundo sigue pisoteando a los pobres, y debemos detener eso. El mundo tiene que cambiar; ya estamos en el siglo XXI. Nadie debería ser tan pobre como para sentirse desvalido y no ver ninguna esperanza. Hay demasiados pobres en el mundo, y se sienten así. Esto es una vergüenza para todos.

A todos los desempleados, yo les pediría que no se den por vencidos. Sé lo importante que es tener empleo; nos da a todos confianza en nosotros mismos. Saber que eres capaz de ganar tu sustento dibuja una sonrisa en tu rostro y es muy importante para todos, sea cual sea nuestra edad, así que no te rindas, continúa buscando. Si puedes hacer alguna tarea en tu comunidad, hazla; los empleadores verán de ese modo que estás dispuesto a trabajar.

Oración por los empleadores

Te imploro, Dios mío, que envíes todos tus ángeles
a los empleadores del mundo
y les permitas ver que la gente común necesita
empleo
para que el mundo siga girando,
y que eso no es sólo por dinero.
Haz que sus ángeles guardianes les murmuren
que den empleo
y reduzcan un poco sus ganancias;
no creo que esto sea mucho pedir.
El trabajo es muy importante para todos
y pondría muchas sonrisas en los rostros.
Sólo quería pedírtelo. Gracias, Dios mío.
Amén.

Este rezo puede ser recitado por todos para contribuir a que el mundo cambie y alentar a los empleadores a que se den cuenta de que en la vida no todo se reduce a obtener grandes ganancias. Sabemos que debe haber ganancias para que las empresas crezcan, pero si es posible emplear a otros hombres y mujeres, un patrón debería hacerlo. En esta oración pides a Dios que los empleadores escuchen los susurros de su ángel guardián y respondan a ellos. Es una oración que todos podemos decir, estemos desempleados o no.

Cuando la pronuncias, la recitas también por tu futuro, en caso de que algún día alguien de tu familia o tú sea víctima del desempleo.

Si eres patrón, quizá esta plegaria toque tu corazón y busques la forma de emplear a un trabajador más, a fin de darle esperanzas y llevar una sonrisa a su rostro.

Oración para que una empresa prospere

Soy una persona de negocios, Señor.
Ignoro si lo sabes pero, por si acaso, te lo diré:
trabajo mucho para que mi empresa
no deje de crecer
en beneficio de mis empleados.
Es muy importante para mí
no tener que despedir nunca a ninguno
de mis trabajadores
y que en el futuro, si mi negocio
sigue siendo próspero,
con tus bendiciones, Señor mío,

pueda emplear a más hombres y mujeres,
así que ayuda por favor a que mi empresa crezca.
Amén.

Esta plegaria es de una persona de negocios, hombre o mujer de cualquier edad. En ella le dice a Dios quién es y que trabaja con ahínco; además, que está muy consciente de las personas a las que emplea y que es muy importante para él que su negocio siga prosperando.

En este rezo puede verse que la persona de negocios no quiere defraudar a sus trabajadores. Le dice a Dios que los trata con dignidad y respeto, y espera no tener que despedir nunca a nadie. Quiere que sus empleados progresen en su trabajo, que encuentren satisfacción y realización en él. Esta oración muestra que este patrón teme despedir a sus empleados.

Para mí, eso indica que se trata de un buen empleador, porque no piensa sólo en él mismo y en ganar dinero o que su empresa crezca, sino también en sus trabajadores y en no tener que despedirlos jamás. Desea que su negocio tenga éxito y le pide a Dios que lo siga bendiciendo y ayude a que no cese de prosperar. Para mí, este patrón tiene amor por sus empleados.

Oración para dar gracias a Dios por el empleo

¡Qué contento estoy, Dios mío!
Gracias, gracias; conseguí empleo.
Gracias por no permitir que me rindiera
y enviar a todos tus ángeles a socorrerme.

Gracias, Señor,
por haber hecho que escuchara a mi ángel guardián
pese a tantas desilusiones, rechazos y fracasos;
por haber dispuesto que mi ángel guardián murmurara
en mi oído:
"No dejes de buscar".
¡Y ahora no quepo en mí de dicha!
Te lo agradezco mucho. Por fin tengo trabajo.
Gracias, Señor.
Amén.

Ésta es una oración de alguien que encontró empleo y le da gracias a Dios de que, a pesar de haber sufrido tantos rechazos, no se haya rendido. Dios hizo que su ángel de la guarda le susurrara constantemente: "No dejes de buscar".

A veces, el mensaje que Dios requiere que tu ángel te murmure es tan simple como "No dejes de buscar", o "No te des por vencido". Estas palabras pueden ser murmuradas por tu ángel de la guarda para alentarte, y ahora saltas de júbilo porque tienes empleo. Le dices a Dios lo mucho que aprecias tener trabajo, lo maravilloso que eso es y lo mucho que significa para ti. Al mismo tiempo, les das las gracias a tu ángel guardián y todos los demás ángeles, lo mismo que a tu empleador.

Oración para pedir ayuda en mi nuevo empleo

Gracias por mi nuevo empleo, Señor;
gracias por mi nuevo patrón,
porque me dio la oportunidad de trabajar.

Ayúdame a demostrarle que soy digno de este empleo.
Que mi ángel guardián no cese de murmurar en mi oído
que debo hacer mi trabajo lo mejor posible.
Gracias, Dios mío.
Amén.

Ésta es una oración breve. Has hallado trabajo y le agradeces otra vez a Dios por tu nuevo empleo, también por la persona que te empleó y le pides que tu ángel guardián siga murmurando en tu oído para apoyarte en el mejor desempeño posible, todo el tiempo, de tu nuevo trabajo.

Es un rezo sencillo, aunque supongo que muchas veces, cuando conseguimos trabajo, nos olvidamos de nuestro nuevo empleador. Olvidamos darle gracias a Dios por él, de que nos haya dado la oportunidad, de que nos haya elegido entre muchas otras personas que perseguían el mismo puesto.

Oración para que otros encuentren trabajo

Tengo un nuevo empleo, Señor,
pero pienso en todos los hombres y mujeres
que lo solicitaron y fueron rechazados.
Me da pena por ellos
y te pido, Dios mío,
que, si es posible,
los ayudes a encontrar trabajo también.
Te lo agradecería mucho.
Amén.

He aquí una persona en oración que se regocija por su nuevo empleo, aunque le conmueve saber que muchos otros que perseguían ese mismo trabajo no lo obtuvieron. La considero una plegaria encantadora: alguien pide a Dios que todos esos hombres y mujeres encuentren trabajo también, aunque no hayan conseguido el empleo que él tiene ahora. Le expresa lo mucho que agradecería que todos esos hombres y mujeres hallaran un empleo lo más pronto posible.

Para mí, ésta es una petición muy hermosa de alguien que no piensa sólo en él mismo, sino también en los demás seres humanos y sus grandes esperanzas, y que les pide a Dios y a los ángeles que les ayuden a conseguir empleo; el puesto que él obtuvo nada más podía ser ocupado por una única persona. Reconoce lo agradecido que está por su nuevo trabajo, pese a lo cual recuerda a los hombres y mujeres, desconocidos para él, que no lo recibieron.

Oración por los desamparados

Ángel de mi guarda,
necesito tu ayuda.
Estoy perdido y sin hogar
y no sé qué hacer.
Doy gracias a Dios por todo lo que me ha dado en la vida.
Únicamente necesito ayuda para abandonar la calle
y tener un techo sobre mi cabeza.
Seguiré el plan de Dios, sea el que sea.
Dile, ángel de mi guarda, que estoy listo para escuchar.
Amén.

Esta plegaria la reza alguien que no tiene hogar. Puedes imaginarlo durmiendo en la calle, envuelto en una cobija y tendido sobre unos periódicos. Le pide ayuda a Dios para librarse del frío y la lluvia. Quiere un techo sobre su cabeza y recuperar su vida. Pide a su ángel guardián que le diga a Dios que está preparado para oír los planes que tiene para él, y que desempeñará su parte con la esperanza de disponer de un techo sobre su cabeza, para no estar desamparado nunca más.

Nadie debería carecer de hogar, todos merecemos uno. Es un derecho humano y lo sabemos.

Oración para pedir ayuda económica

Gracias, Dios mío, por todas las cosas materiales
que me has dado en la vida.
Necesito que me asistas, Señor.
Ayúdame a escuchar a mi ángel de la guarda,
ayúdame a buscar socorro y consejo para salir de este lío.
Ilumina el camino que debo seguir
para encontrar la ayuda económica que necesito.
Gracias, Dios mío.
Amén.

A la mayoría de nosotros nos preocupan los asuntos económicos, el dinero, y ésta es una breve oración en la que le pides a Dios que te permita ver la luz que habrá de conducirte en la dirección correcta para resolver tus dificultades financieras. Te das cuenta de que no puedes hacerlo solo y de que debes tener valor para pedir ayuda a los ángeles, a Dios y en especial a los demás. Solicitas aquí la asistencia de Dios, y tu ángel guardián te alienta.

En ocasiones, las preocupaciones de dinero les parecerán pequeñas a otros, pero para nosotros son inmensas. Podría tratarse de una madre o un padre que no sabe cómo conseguir dinero para comprar un par de zapatos para que su hijo vaya a la escuela, o que tiene dificultades para pagar la cuenta de la energía eléctrica. No temas pedir ayuda si te hallas en ese caso.

Dios te ayudará siempre a encontrar la forma de salir del apuro, y tu ángel guardián hará todo lo que sea preciso para que sepas adónde ir y qué hacer.

Oración para vender mi casa

Te imploro, Dios mío, que rodees con tus ángeles mi casa.
Permite que el amor que ha habitado en ella por generaciones toque a los que vengan a verla;
que compren la casa que tú bendijiste con tu amor.
Coloca a tus ángeles, Dios mío, en cada esquina de cada habitación.
Que mi casa se venda.
Gracias por todo, Señor.
Amén.

Puede ser muy estresante tener que vender una casa y mudarte a otra. Muchos tenemos que cambiarnos de casa por diferentes razones, y vender la que ocupábamos es muy importante. En esta oración le pides a Dios que se venda tu casa; que su amor y su luz irradien en ella para que cuando la gente vaya a verla experimente la calidez de ese amor. Es de esperar que sienta que esa casa está llena de vida e imagine que la convierte en su nuevo hogar.

Oración por la venta de una casa

Te doy las gracias de antemano, Señor, por la venta de mi casa.
Me entristece tener que dejarla por tantos recuerdos felices que alberga.
Bendice a su nueva familia y llénala con tus ángeles.
Cólmala de amor, alegría y felicidad.
Gracias, Dios mío.
Amén.

En esta plegaria, le agradeces por adelantado a Dios la venta de tu casa. Dices tener la firme creencia de que se venderá, que confías en ello y que has hecho todo lo necesario para venderla, y agradeces esto con anticipación.

La confianza y la fe contribuyen a dar fuerza a tu oración. Haces cuanto está en tu poder para promover y vender tu casa. Debes cumplir tu parte también.

Cuanto más te acostumbras a rezar, más creces espiritualmente. Hablas con Dios todos los días. Te vuelves más espiritual, más confiado y tu fe aumenta. Podrías estar en un tren, un autobús o un bar y comunicarte con Dios. Puedes pedir fe estando en él por medio de tus oraciones.

Mientras rezas, permite que tus buenos recuerdos de esa casa crucen por tu mente y piensa en sus nuevos dueños.

Sabes que pronto la dejarás y le pides a Dios que bendiga ese hogar para la nueva familia que habrá de ocuparlo. Le ruegas que lo llene con sus ángeles y que éstos lleven amor, felicidad y alegría. Deseas a quien la compre todas las bendiciones posibles.

Capítulo 9

Presiones sociales, adicciones y apoyo a tus seres queridos

Oración para pedir ayuda contra la drogadicción o el alcoholismo

Soy drogadicto/alcohólico, Señor,
y no sé cómo ayudarme.
Sé que tus ángeles me rodean
y que mi ángel guardián murmura siempre en mi oído
que lograré librarme de las drogas/el alcohol,
que puedo hacerlo,
pero no lo escucho.
Te lo ruego, Dios mío:
permite que escuche
las palabras de mi ángel de la guarda
y crea en que puedo hacerlo.
Amén.

En este rezo, un drogadicto o alcohólico reconoce por primera vez que tiene un problema. Por medio de esta oración, le dice a Dios que no sabe cómo remediarlo, pese a que está consciente de que su ángel guardián le recuerda todos los días que puede librarse de las drogas o el alcohol. Esta persona no cree tener la fuerza y el valor para hacerlo, así que pide a Dios que la ayude a escuchar a su ángel de la guarda y a creer en que puede lograrlo. Para un drogadicto o alcohólico, el primer paso es siempre el más difícil.

Los ángeles me repiten sin cesar que los adictos pueden dejar las drogas, pero que deben avanzar un poco cada día. Si tú eres uno, tengo fe en que podrás deshacerte de ellas, así que, por favor, cree en ti mismo.

Oración para librarme de la drogadicción o el alcoholismo

Fui un tonto, Dios mío.
No te escuché, ni a mi ángel de la guarda,
cuando mis amigos insistieron:
"Haz la prueba, sabe rico, no te hará daño".
Quería que me aceptaran, Señor,
y te oí decir todo el tiempo que no,
pero seguí adelante y lo hice.
Tomé la droga, bebí el alcohol
y ahora estoy preso en una cárcel.
Ayúdame, Dios mío, junto con todos tus ángeles,
a salir de esta prisión, a librarme
de la drogadicción/el alcoholismo.

Quiero recuperar mi vida.
Ayúdame, Señor, te lo suplico.
Amén.

Demasiados jóvenes están en peligro de caer en las drogas o el alcohol, sobre todo cuando inician apenas su vida. Desean pasar un buen rato y divertirse, y es muy fácil que se involucren en las drogas o beban excesivas cantidades de alcohol, porque hoy en día se les consigue en todas partes. Esto no es exclusivo de los jóvenes; también los mayores lo hacen. Se habla mucho de que las drogas o el alcohol no te harán daño y estarás bien, de que no necesitarás una segunda ocasión, pero las cosas no siempre resultan así.

Aunque este joven escuchó que Dios y su ángel guardián le decían: "No pruebes las drogas" que su amigo le ofrecía, lo hizo. Quería sentirse aceptado por sus nuevos amigos. Éste es el deseo de todos los jóvenes, pero yo les digo: "Sé tú mismo. No finjas ser quien no eres, y serás aceptado".

Es difícil para un joven decir "no". Cuando lo hace, pienso que demuestra una gran fuerza de carácter. Sobresale. Soy del parecer de que quienes no siguen al montón son los que hacen la diferencia en este mundo, porque no temen decir "no" cuando saben que algo está mal o es injusto o poco ético.

Todos debemos rezar por los jóvenes del mundo de hoy, e incluso por los mayores, que se dejan enredar por las malas influencias del mundo.

La vida es para vivirse al máximo. Pídele a Dios que dé a esas personas la fuerza que requieren para decir "no" y ser ellas mismas, los seres humanos maravillosos que ya son.

Oración de un adicto

Te imploro, Señor,
que mandes a tus ángeles en mi ayuda
para que pueda demostrarles a quienes me quieren
que deseo dejar las drogas/el alcohol.
Con el auxilio de tus ángeles, líbrame de eso.
Estoy desesperado, Dios mío.
Mira cómo tiemblo y lloro.
Si sigo así,
perderé a mi familia, mis hijos, mis amigos
y a todos los que me quieren.
No permitas que ese amor se aleje de mí.
No me abandones, Dios mío.
Amén.

Cuando alguien está solo y se estremece, tiembla y llora, puede recitar esta oración. Comprende que si no deja atrás las drogas o el alcohol, perderá a su familia, sus hijos y todos los que lo quieren, y sabe lo importante que son para él.

Clama de desesperación. Les pide a Dios y a sus ángeles que no lo abandonen, ni permitan que su familia lo haga.

Reconoce por medio de esta plegaria que no puede hacerlo solo, pero que está listo para intentarlo. Está preparado para dejar atrás las drogas o el alcohol. Aunque luchará con todas sus fuerzas, necesita el estímulo de los que quiere, aun si los ha lastimado mucho e intentado destruirlos.

Saber que sus familiares y amigos lo quieren alienta a un adicto a renunciar a las drogas o el alcohol, a liberarse y recuperar su vida. Es importante que lo sepa a diario. Debe progresar un poco cada día, rodeado de sus seres queridos.

Oración de la madre de un drogadicto o alcohólico

Soy madre, Señor,
y mi hijo ha perdido el rumbo.
Trató a quien no debía
y ahora es drogadicto/alcohólico.
Mi corazón está destrozado.
He hecho todo lo posible por ayudarlo.
Rechaza mi ayuda; me ha maltratado, robado,
incluso golpeado.
Oigo tus palabras, Dios mío,
lo que mi ángel guardián
murmura en mi oído,
que debo ser fuerte.
Dame la fuerza que necesito para permanecer
al lado de mi hijo, aun en las sombras.
Mantén en guardia a tus ángeles,
porque él cree que soy su enemiga,
debido a las drogas/el alcohol,
y rechaza toda asistencia.
Sólo saber que estás ahí, Dios mío,
me da fortaleza.
Gracias por mi ángel guardián,
quien me guía para que ayude a mi hijo.
Amén.

Ésta es una madre desesperada, aunque podría tratarse de un padre también, que clama a Dios al ver a su hijo desolado por el alcohol o las drogas. Se siente totalmente desvalida, porque él está convencido de que es su enemiga, pero ella sólo quiere socorrerlo, salvarlo, por abusivo o violento que se ponga. La madre hace todo lo posible por no abandonarlo, porque lo ama, y pide a Dios que le dé la fuerza que necesitará en ese trayecto.

Le aterra pensar que un día alguien llamará a su puerta para decirle que su hijo ha muerto por una sobredosis, o intoxicado por el alcohol, o en un acto violento en la calle. Ninguna madre quiere eso para su hijo, porque ve la bondad que hay en él, el amor que está ahí, pese a que haya sido avasallado por las drogas y alcohol.

Le da la mano a su hijo. Extiende sus manos tanto como puede, para rogarle que acepte las razones correctas, que abandone las drogas y el alcohol. Desea ayudarlo a liberarse, a recuperar su vida.

Ninguna madre quiere ver muerto a su hijo a causa de las drogas, el alcohol o una enfermedad, ni oír que fue apuñalado en una riña por drogas y murió. Ésta es una pesadilla para una madre, y una experiencia terrible para toda la familia.

Oración por un hermano

Te imploro, Señor, que rodees con tus ángeles a mi hermano.
Hace algo que sé que no debería,
temo por él.

Ya le pedí a mi ángel de la guarda que le diga al suyo
que lo haga escuchar para que abandone lo que hace.
Que tus ángeles lo rodeen siempre;
no lo abandones, Dios mío.
Amén.

Me encanta este rezo. A menudo recibo cartas de adolescentes en las que me piden que rece por su hermano o hermana, usualmente porque consume drogas o bebe demasiado y hace cosas muy peligrosas que podrían lastimarlo o lastimar a otros, y los adolescentes tienen miedo. Muchas veces le preguntan a su hermano o hermana qué ocurre, y éste se molesta con ellos y los amenaza, así que me envían una carta para que pida a Dios por su hermano o hermana, aunque ellos lo hacen.

Tú podrías ser un adolescente, o incluso un niño o adulto, que implora a Dios que rodee con sus ángeles a su hermano o hermana, porque sabe que hace algo malo. Lo quieres mucho y deseas lo mejor para él, y en esta oración le dices todo eso a Dios.

Le has pedido a tu ángel de la guarda que pida ayuda al suyo. Deseas que tu hermano renuncie a lo que hace y ruegas a Dios que lo rodee en todo momento con sus hermosos ángeles y no lo abandone nunca, porque tampoco tú lo harás.

Muchos de nosotros, cualquiera que sea nuestra edad, con frecuencia tememos por quienes queremos, en especial si vemos que un ser querido toma un camino equivocado en la vida. Hacemos lo posible por ayudarlo, pero no es fácil. En nuestro corazón sabemos que rezar nos dará la fuerza para socorrer a nuestros seres queridos, así que nunca olvides orar.

Capítulo 10

Plegarias para pedir curación para ti y los demás

Oración por un ser querido en cirugía

Manda, Señor, a todos tus Ángeles Sanadores
a que rodeen a mi familiar en la cirugía de corazón.
Que tus Ángeles Sanadores guíen las manos del cirujano.
Derrama tu amorosa gracia sobre mi ser querido.
Que la operación sea un éxito, Dios mío.
Amén.

Pides a Dios en esta plegaria que guíe las manos del médico, que sus Ángeles Sanadores estén presentes y que derrame su amorosa gracia sobre tu familiar y le dé la fortaleza que requiere para su operación, la cual ruegas que sea un éxito.

Cualquiera puede recitar esta oración, y sé que hay otras que se pronuncian en todo el mundo, como la "Oración de Ángeles Sanadores" incluida al principio de este libro. Éste es un rezo muy poderoso. Cuando alguien se somete a una cirugía de cualquier clase, deberíamos decir siempre muchas plegarias. Cada una cuenta.

Oración por mi hijo en cirugía de corazón

Toma entre tus manos a mi hijo, Señor;
es muy pequeño.
Necesita una operación del corazón y yo te necesito a ti,
Dios mío.
Mécelo cerca de tu corazón,
llénalo de tu gracia sanadora.
Mi hijo está en tus manos.
Envía tu luz sanadora y tu amor
sobre mi hijo para que crezca fuerte.
Esto es lo que te pido, Señor.
Amén.

Esta oración podría ser la de una madre o de un padre, nacida de su corazón. Ellos saben que todo está en las manos de Dios. Le piden que la operación de su hijo sea un éxito, para que él pueda crecer y hacer todo lo que los demás niños hacen.

Muchos padres en todo el mundo me han pedido que escriba un rezo por su hijo, quien será intervenido del corazón. Éste es uno de ellos; hay muchos más.

Oración por mi hijo en cirugía

Entre lágrimas te imploro, Dios mío,
que la operación de mi hijo sea un éxito.

Su vida está en tus manos.
Te prometo, y a todos los ángeles del cielo,
que seré el/la mejor padre/madre posible.
No te defraudaré, Señor mío.
Amén.

Esta oración es de un padre o madre que abre su corazón a Dios porque sabe que la vida de su hijo está en sus manos, no sólo en las de los médicos y cirujanos. Tiene mucha fe en que su hijo vivirá y la operación será exitosa. Mantiene viva en su corazón la esperanza de que el chico crezca sano y fuerte, de que él oiga su risa y lo mire jugar otra vez. Desea verlo convertido en un adolescente y adulto, y quizá también en un padre. Le pide a Dios un futuro para su hijo.

Que un hijo enferme es lo peor que puede ocurrirles a todos los padres y su familia. Ver sufrir a un hijo es algo que no pueden imaginarse quienes no han tenido nunca un niño enfermo en la familia. Los padres se sienten desesperados y querrían sufrir ellos mismos en lugar de su hijo, o que Dios les diera su enfermedad o dolencia para que él no sufriera más. Lo piden incluso en la oración.

Muchos padres me preguntan: "¿Dónde está Dios cuando un hijo sufre así?". No tengo respuesta a eso. No creo que la haya en una forma comprensible para nosotros. Nuestro cuerpo humano no es perfecto.

¿Por qué una pequeña alma elige a sus padres y desciende desde el cielo para ser concebida si sabe que padecerá una enfermedad que causará gran dolor y sufrimiento, y que morirá pronto?

Los niños saben antes de ser concebidos cuánto tiempo estarán en la Tierra y cuándo se irán al cielo, o mejorarán y crecerán para formar su propia familia. Aun así, deciden nacer y que tú seas su padre o madre, y te aman de manera incondicional. Saben que los amarás y cuidarás. Te eligieron.

Esos pequeños dan mucho amor a sus padres, su familia y todos los que los rodean.

He aquí algunas oraciones que he recibido. Son muy sencillas, para que todos puedan decirlas. Espero que tú lo hagas.

Oración para pedir un embarazo

Reúne a tus ángeles especiales, Señor,
porque he empezado a perder la esperanza
de tener un hijo.
Clamo a ti, Dios mío.
Pido a mi ángel de la guarda que te hable en mi favor.
Tengo fe y creo que responderás a mi plegaria.
Reúne a tus ángeles,
guíalos hacia mí con una pequeña alma.
Permite que me embarace.
Te lo imploro, Dios mío, y a todos tus ángeles.
Amén.

Éste podría ser el caso de cualquier pareja del mundo con dificultad para concebir, y que pide a Dios y a los ángeles que le envíen un alma, un bebé. Desea cargar a un bebé en brazos. Ella quiere ser madre, él padre. Muchas parejas en el mundo entero tienen problemas para conseguir un embarazo. Esto es algo que predije en *Un camino al cielo*, un futuro que los ángeles me enseñaron y que desde entonces se ha convertido en una crisis. Esta plegaria sale del corazón de una pareja desesperada, que ruega a Dios que reúna a sus ángeles para que guíen hasta ella el alma de su bebé.

Este rezo muestra a una madre que desea llevar en su vientre un bebé, que quiere sentirlo crecer, sentir sus patadas y todos los altibajos por los que atravesará y dar a luz. El padre desea lo mismo, aunque de forma diferente: ayudar a su pareja durante el embarazo y sostener su mano en el parto. Quiere cargar en brazos a su hijo por primera vez, darle todo el amor que pueda a ese bebé enviado por Dios y cuidar y amarlo.

Más todavía, ambos quieren ser los mejores padres posibles, darle a su hijo todo el amor del que son capaces.

Oración a la Virgen María para que procure un parto normal

Santa María, de gracia llena,
te suplico que escuches mi plegaria
y derrames sobre mí tu gracia,
pues me encuentro en compañía de mi hijo.
Santa María, madre mía, mantén a salvo a mi bebé.
Que nazca sano, como tu hijo, Jesús.
María, madre mía, te amo.
Amén.

Esta plegaria es de una mujer que está próxima a ser madre. Le dice a la Virgen María que se siente muy emocionada por el hijo que crece dentro de ella, pero que teme que algo marche mal. Le pide a María Madre, Reina del Cielo, que mantenga a salvo a su bebé y derrame sobre él su gracia.

La madre recuerda la historia de María y José, cuando ella estaba embarazada del Niño Jesús, y la felicidad y dicha que la rodeaban, igual a las de esta madre, aunque también siente miedo y nerviosismo de que algo salga mal. Pide a Nuestra Señora, Reina del Cielo, que mantenga a su bebé a salvo, para que pueda estrecharlo entre sus brazos. Es una oración muy bella.

Oración para pedir alivio en el dolor

Gracias, Señor, por todo lo que me has dado en la vida,
pero ahora sufro un gran dolor.
Te pido que envíes tus Ángeles Sanadores a aliviarlo.
Gracias, Dios mío.
Amén.

Ésta es una oración general para alguien que sufre, cuando el cuerpo físico padece un constante dolor que no cede. Me han pedido mucho este rezo. Al paso de los años, he escuchado a muchas personas, hombres y mujeres, jóvenes y ancianos, e incluso niños, que dicen tener un dolor incesante por una u otra razón, en ocasiones durante toda su vida. Algunos lo han padecido muchos años, otros por un periodo corto.

Sé que cuando envejecemos, nuestro cuerpo comienza a menudo a sentir más dolor. Algunos parecen sentir más dolor que otros. Siempre pido a Dios que alivie el dolor del cuerpo de la gente, sobre todo cuando ha envejecido.

Oración por la artritis

Ángel de mi guarda,
implora a Dios y todos tus ángeles
que me libren de este dolor.
Doy gracias a Dios por la vida maravillosa
que me ha dado.
Ángel de mi guarda,
te pido un milagro:
que mi artritis no sea tan dolorosa.
Gracias.
Amén.

Muchas personas en el mundo entero me ruegan que implore por que su cuerpo deje de sufrir, porque padecen artritis. A veces subestimamos el dolor de esta enfermedad. Esta plegaria es una forma de implorar a tu ángel de la guarda que pida a Dios un milagro en tu favor, así sea sólo para aliviar el dolor de tu artritis. Ésta es una afección horrible. No dejes de pedirle un milagro a Dios, pero haz un esfuerzo por mantener tu cuerpo lo más sano posible.

Oración para que camine otra vez

Derrama sobre mí, Señor, la gracia de tu esperanza
y haz que camine de nuevo.
Tiende tu mano sanadora sobre mi cabeza.
Insufla en mí la fuerza de volver a caminar.
Que tus ángeles me ayuden a no rendirme.

Consérvalos a mi lado para que me sostengan
mientras camino.
Gracias, Dios mío, por todo.
Amén.

He conocido a muchas personas que terminaron en una silla de ruedas, a causa de un accidente automovilístico o una enfermedad. Precisan de mucha fuerza y consuelo. En esta oración le piden a Dios que les dé esa fuerza para caminar de nuevo, de ser posible. Sé que en ocasiones no se puede, porque las lesiones son muy severas. Aun si no están tan graves, cumplir ese propósito demanda mucha fortaleza y es una lucha enorme.

Aunque pueden poner un pie delante del otro, esto suele causarles mucho dolor, y necesitan gran energía para caminar de nuevo. Sin embargo, conozco a muchas personas que lo han conseguido, así que no te rindas. Ruega a Dios y a tu ángel de la guarda que te ayuden. Yo pido siempre el milagro de que la gente vuelva a caminar. Es algo que solicito sin cesar como una bendición, aunque cada individuo tiene que trabajar mucho con su cuerpo físico y su mente.

Oración para obtener descanso

Ángel de mi guarda, antes de que me duerma,
ampárame y protégeme con tus alas.
Envuélveme en tus brazos.
Permite que mi alma te alabe y dé gracias a Dios
mientras duermo.
Amén.

Yo misma rezo esta oración. Es una plegaria que el Ángel Amén me enseñó cuando se sentaba en mi cama en Old Kilmainham, en donde se encontraba nuestro hogar y el taller de bicicletas de mi padre, en Dublín. Bueno, no era precisamente un taller; supongo que mi papá sólo reparaba bicicletas. He rezado esa oración desde entonces; es muy especial para mí.

En ella le pido a Dios que mi alma continúe rezando mientras mi cuerpo humano reposa. De niña prodigaba gracias y alabanzas por todo lo que me había ocurrido durante el día, pero eso ha cambiado. Ahora doy gracias y alabanzas por todo lo que me ha sucedido desde el momento en que nací hasta el día de hoy; gracias no sólo por mí, sino también por todas las personas del mundo.

Capítulo 11

La Virgen María y la oración

Oración del pergamino de oraciones

Arcángel Miguel,
tengo el pergamino de oraciones en mi mano.
Arcángel Miguel,
toma mi alma, guíame hasta el Trono del Cielo.
Dios, Padre mío, me arrodillo ante ti con la mano tendida.
Permite que la sanación comience, tal como tú, Dios mío,
Padre celestial, desees concederla.
Te pido por todos tus hijos cuyos nombres
aparecen en el pergamino de oraciones.
Ayúdalos, mi Dios y Señor.
Amén.

Éste es un rezo que se me ha permitido compartir contigo. Sólo puedo compartir algunas de sus palabras, no todas las que le digo a Dios cuando tomo el pergamino de oraciones y me postro a sus pies.

Casi todos los días invoco al Arcángel Miguel. Pero si un día olvido hacerlo, él viene a mí de cualquier forma y conduce mi alma al cielo. Caminamos mano con mano hacia el Trono de Dios. Todo el tiempo llevo el pergamino de oraciones en la mano derecha y el Arcángel Miguel sostiene mi izquierda.

En ese momento soy de nuevo la hija que va a ver a su Padre, y me siento llena de emoción y alegría. Mi alma no está quieta. No encuentro las palabras para explicarlo, pero desde el instante mismo en que el Arcángel Miguel conduce mi alma al cielo, siento el inmenso amor de Dios. Aunque él sostiene mi mano, yo quisiera correr a esconderme, porque el amor de Dios es muy puro y no estoy segura de qué expresión usar... Esto me deja sin aliento.

Me arrodillo a los pies de Dios y extiendo mi mano mientras converso con él. Él tiende a su vez la suya, toma el pergamino de oraciones y lo desenrolla. Éste parece siempre muy grande, interminable, y Dios me sonríe. No puedo revelarte de qué hablamos, al menos por ahora. Quizás algún día pueda compartir más cosas acerca de las oraciones que le dirijo a Dios.

Oración a Nuestra Madre Celestial

María Madre, Reina del Cielo,
permanece a mi lado,
ampárame con la gracia de tu luz amorosa,
guíame y protégeme siempre.
Te amo, Madre mía.
Amén.

Ésta es una breve y hermosa oración a Nuestra Señora, Madre tuya y mía y de Nuestro Señor Jesucristo, en la que le pedimos guía y protección. También le recordamos de este modo a María, Reina y Madre, Nuestra Señora, que la amamos.

Oración a la Virgen María por la paz del mundo

Santa María, Reina del Cielo,
Madre y Reina de toda la humanidad,
te suplico que intercedas ante tu hijo,
Nuestro Señor Jesucristo,
por la humanidad y la paz del mundo.
Te amo,
María, madre mía.
Amén.

Éste es otro rezo dirigido a Nuestra Señora, Reina del Cielo y de toda la humanidad, en el que le pedimos que interceda ante su hijo, Nuestro Señor Jesucristo, en favor de todos nosotros. Más allá de nuestras diferencias o creencias, le pedimos a Nuestra Señora, Madre de Dios, que ruegue a su hijo que nos ayude a todos a dar paz al mundo. Es una plegaria breve y sencilla, y muy fácil de recitar.

Oración para pedir orientación a la Virgen María

Santa María, Madre de Dios,
Reina de los ángeles,
Reina de la humanidad,

nuestra Madre Celestial,
mentora de todos tus hijos,
protégenos y guíanos en nuestro viaje por la vida.
Te amo,
María, Madre de Jesús.
Amén.

En este rezo se nos recuerda quién es la Virgen María. Muchos de nosotros lo hemos olvidado y todos necesitamos su ayuda, por ser quien es. Es Madre y Reina, Madre tuya y mía, Madre de todos los ángeles, Reina de la Raza Humana. Más todavía, es la Madre de Nuestro Señor Jesucristo y un gran ejemplo, mentora de todos nosotros. Aquí le pedimos protección y orientación en nuestro viaje por la vida.

Oración a la Virgen María para que nos anime a orar

Santa María,
Madre de Nuestro Señor Jesucristo,
todo el tiempo nos das a todos
el mensaje de que recemos,
pero no escuchamos.
María, Reina y Madre del Cielo,
ayúdanos a rezar más.
Te amo,
María, Madre de Jesús,
Amén.

Nuestra Señora no cesa de decirle al mundo que rece, que la oración es muy importante y que debemos pedir todos los días por nosotros y nuestra familia. De hecho, debemos pedir por todo el mundo, para que haya paz para todos nosotros, pero por desgracia muchos no escuchamos ese mensaje. Lo ignoramos, porque estamos tan atrapados en nosotros mismos, en nuestra vida, que pensamos que no tenemos tiempo para orar.

Una plegaria consume sólo un momento. Podrías estar en tu hora de comida en el trabajo. Incluso sentado a una mesa o mientras caminas, puedes orar rápidamente. Hagas lo que hagas, pase lo que pase en tu vida, siempre tienes tiempo para rezar. Debemos pedir unos por otros; debemos pedir que el mundo cambie en beneficio de todos. Cualesquiera que sean nuestra religión o nuestras diferencias, todos tenemos que pedir por los demás para hacer un mundo mejor.

Nuestra Señora nos pide que recemos, así que yo te pido lo mismo: haz oración.

Oración para tener paz

Ángel de mi guarda,
doy gracias a Dios por todo en mi vida,
pero hace mucho tiempo que no tengo paz.
Estoy listo ahora para estar quieto y callado,
escuchar a Dios,
para tener paz,
y darme tiempo para guardar silencio unos minutos.
Gracias por ayudarme a tener paz.
Amén.

Esta plegaria es relevante en diferentes momentos de nuestra vida. Todos deseamos tener paz, pero de vez en cuando yo misma encuentro difícil entender estas palabras. Cuando Dios me dio esta oración, no me dijo que lo fuera para tranquilizar la conciencia o tener paz en la familia o el país. Sólo dijo que era para tener paz, así que no puedo alterar estas palabras. Supongo que quien haga este rezo comprenderá el significado de esas tres palabras para él mismo y nadie más.

Creo que por eso esta oración es especial para cada individuo y ningún otro. No olvides permanecer en silencio y tomarte esos minutos para estar quieto y permitirte tener paz.

Oración por la verdad

Ángel de mi guarda,
pide a Dios que perdone
mi dificultad para ser sincero.
Es más fácil mentir que decir la verdad.
Mis mentiras hieren a otros y a mí.
Nunca aprendo la lección.
Pide a Dios que me ayude a escucharte,
ángel de mi guarda.
Ayúdame a estar tranquilo y en silencio.
Amén.

Si puedes, tómate un momento para estar quieto.

Dios mío, sé que estoy listo ya.
Escucho.

Dudo en que escuche a mi ángel de la guarda
y no miento.
Gracias por ayudarme.
Amén.

En ocasiones tenemos que darnos tiempo para pensar en la oración que recitamos. La oración es muy poderosa. Es una de la fuerzas más potentes del mundo, igual que el amor, pero es bueno aprender a permitir que una plegaria penetre en nuestra mente y cuerpo para que nos sumerjamos en ella y podamos oír y escuchar. Cuando rezas y estás consciente de que tu alma emerge, ella puede regresar a tu cuerpo y llevar consigo la oración. Después podrá presentarse de nuevo, en compañía de esta última.

Esto se me pide con frecuencia, para que pueda empeñar más mi alma en la oración, a fin de mejorarla. Lo hago sin palabras, aunque quizá sea útil que tú se lo pidas a Dios. Yo acostumbro hacerlo cuando estoy a punto de llorar por todo lo malo que sucede en el mundo, en especial cuando veo que no vamos en la dirección correcta. Esto me da gran esperanza. Cuando lo haces, todo tu ser, no sólo tu alma, está en oración.

Permite que una plegaria toque tu alma; reza con cada parte de tu ser. Esta oración te ayudará a no mentir, a decir la verdad, porque todos preferimos mentir de vez en cuando, pese a que eso vuelva siempre más complicada la vida y cause problemas al final.

Hablar con la verdad vuelve más fácil la vida. También te hace más feliz. Esmérate siempre en escuchar a tu ángel guardián. Él te dice que no digas lo que piensas. Si esto es malo, él hará que te sientas culpable, y en el fondo sabrás que no has sido sincero. No ignores a tu ángel de la guarda; escúchalo.

Oración para seguir a Dios

Te adoro y te amo, Dios mío.
Pon a tus ángeles en mis costados,
enfrente y detrás de mí,
para que me guíen a seguirte, Señor,
con bondad y amor en mi corazón en todo momento.
Que tu luz radiante brille frente a mí.
Te amo y te adoro, Dios mío.
Amén.

Ésta es una breve plegaria que yo recito. Los Ángeles de la Oración la dicen conmigo de vez en cuando. Repito las palabras que ellos dicen y a veces las recitamos al unísono. Esta oración me permite decirle a Dios que lo amo y adoro, y le pido que mantenga junto a mí a sus ángeles todo el tiempo. De vez en cuando las palabras cambian un poco; creo que esto se debe a lo que sucede en el mundo.

Oración para que Dios me libre

Eres mi fuerza y mi refugio, Dios mío,
y sin ti nada puedo hacer.
Líbrame de todas las tentaciones que me rodean a diario.
Derrama a tus ángeles desde el cielo.
Haz que me rodee tu luz.

Que la luz de tu amor, Dios mío,
disuelva todas las cadenas de la tentación.
Líbrame con tu amor, paz, esperanza y compasión.
Amén.

Con este rezo, pides a Dios que te libre de todas las cadenas de la negatividad en tu vida, de todas las tentaciones que sabes que no deseas. Puede ser algo tan sencillo como actuar por envidia o hablar mal de otra persona. Sé que todos debemos decir esta oración de vez en cuando en nuestra vida. Tenemos que llenarnos de la paz y la esperanza que provienen del amor y compasión de Dios, porque cuando te ves libre y sueltas toda esa negatividad, encuentras paz dentro de ti.

Ya no tienes miedo, porque sabes que el amor de Dios está contigo, junto con todos sus ángeles. Ésta es una libertad que todos y cada uno de nosotros tiene que descubrir por sí mismo, y en diferentes momentos de nuestra vida sentiremos esa libertad. Ésta es una hermosa oración.

Oración al Arcángel Miguel

Arcángel Miguel,
te imploro que pidas a Dios
que te permita traspasar el corazón de todos en el mundo.
Con tu espada poderosa
concédenos buena disposición para con todos;
que la punta de tu espada disipe el odio,
la cólera y la venganza;
que la bondad florezca en nuestro mundo;

que todos los corazones se llenen de amor y paz.
Gracias, Arcángel Miguel. Gracias, Dios mío.
Amén.

Por medio del Arcángel Miguel, rezas a Dios en esta oración. Él es un ángel muy poderoso. Está en el Trono de Dios, y también con todos nosotros cuando lo invocamos. Ésta es una oración especial que el Arcángel Miguel me pidió que compartiera contigo. La he recitado con él en numerosas ocasiones, y tengo la esperanza de que tú la recites también, para que cuando el Arcángel Miguel traspase tu corazón con la punta de su espada, sientas buena disposición hacia la humanidad y tus semejantes y te despojes de todo odio, enojo y deseo de venganza que haya dentro de ti.

El Arcángel Miguel se empeña en defendernos todo el tiempo. Me dio este rezo y me pidió que lo recites, pero no en su beneficio. Es en el tuyo, en el de todos nosotros, si aceptamos que él traspase nuestro corazón con su espada y nos llene de esperanza y amor. El Arcángel Miguel te demuestra que podemos hacerlo. Podemos tener un mundo apacible y maravilloso. Podemos vivir en armonía unos con otros. Cuando pronuncias esta oración, el Arcángel Miguel la dice contigo.

Oración para acercarme a Dios

Imploro tu ayuda divina, Señor.
Ansío estar cerca de ti.
Permite que mi alma irradie mientras anhela acercarse a ti.

Que siempre estés en mi mente, Dios mío.
Permite que te alabe y agradezca cada momento
de mi vida.
Deja que me acerque a ti,
porque mi alma y mi corazón lo ansían.
Te amo, Dios mío.
Amén.

Esta plegaria es para pedirle a Dios que te permita acercarte a él. La oración es uno de los medios más poderosos para aproximarse a Dios, y ésta te ayudará a hacerlo. Te recuerda que debes rezar y sentir el amor que reside en tu alma y en tu corazón. Cuanto más reces, más tranquilo y feliz te sentirás, porque estarás más en contacto con Dios. Te acercas a él. Permites que tu alma brille, que esté radiante. Concédete el deseo de sentir un amor puro mientras tu alma se aproxima a Dios.

Oración para perdonar a quienes me han hecho daño

Perdona, Señor, a quienes me han lastimado,
porque yo los perdono.
Amén.

Éste es otro rezo que repito desde niña. Quizás algún día te cuente la historia completa, pero no ahora. En esta breve plegaria, abres tu corazón y envías amor a la persona que te hirió, porque la has perdonado. Son palabras muy poderosas.

Le pides a Dios que perdone a quienes te han lastimado, porque tú los perdonaste ya. Repite esta breve plegaria todos los días. Tal vez te preguntes por qué yo debo decirla, pero la recito a diario porque Dios me dijo que lo hiciera.

Aunque corta, ésta es una oración muy poderosa.

Capítulo 12

Dios cree en ti

Oración por mi libertad

Haz, Señor, que tus arcángeles me rodeen con sus escudos,
que tus ángeles rompan las cadenas que me sujetan.
Déjame ver el resplandor de los escudos de tus arcángeles,
oír el estruendo de las cadenas al caer.
Permíteme correr hacia la luz,
sabedor de que ahora soy libre para vivir la vida que tú
me diste,
porque no podría haberlo hecho sin ti.
Gracias, Dios mío; te amo.
Amén.

Ésta es otra oración para que te liberes en todos los aspectos de tu vida y avances. Es para que te despojes de las cadenas que te apresan y te impiden vivir. Los ángeles te ayudan a arrancar esas cadenas y los arcángeles te rodean con sus escudos para que puedas ver su luz. Debes saber que no habrías podido hacer eso sin el auxilio de Dios, porque requirió toda tu fuerza, valor y seguridad. Oíste a tu ángel de la guarda y a tus amigos, a quienes se les instruyó que te dieran ánimos y confianza. Ellos también escucharon y te ayudaron a liberarte.

Necesitamos ayuda para liberarnos en diferentes momentos de nuestra vida. A veces permitimos que se nos encierre porque tenemos miedo a la vida, pero no debería ser así, ya que la vida es maravillosa.

En esta plegaria les pides a Dios, los arcángeles y todos los ángeles que te pongan en libertad, pero tú tienes que hacerlo también. Si sientes cadenas que te aprisionan, repite esta oración para que seas libre.

Oración para cuando no puedes hacer todo solo

Gracias, Dios mío, por mi vida.
No puedo hacer todo solo.
Necesito saber, Señor,
que tengo un ángel guardián.
Dame una señal, Dios mío, por pequeña que sea.
Te amo, Señor.
Amén.

Este rezo es para que te des cuenta de que no puedes hacer todo solo. En él le pides a Dios que te dé una señal de que tienes un ángel de la guarda que está contigo todo el tiempo.

Dios y los ángeles, tu ángel guardián y tus seres queridos que ya se han ido al cielo te prestan ayuda todos los días. En ocasiones nos cuesta trabajo pedir ayuda, o aceptarla cuando nos la ofrecen. Todos deberíamos ofrecer ayuda a los demás con más frecuencia, para que nadie se sienta en la necesidad de hacerlo todo por sí mismo.

En esta oración le recuerdas a Dios que no puedes hacer todo solo. Cuando Jesús vino a la Tierra, no hizo todo solo. Tuvo a los apóstoles, a su madre y su padre, todos sus amigos y toda la gente que acudía a verlo, así que nunca hizo nada solo. Por supuesto que los ángeles y su ángel guardián lo rodeaban.

Oración para que mi ángel guardián me ayude cuando me deprimo

Ángel de mi guarda,
cuando me deprimo por cualquier razón,
hablo contigo como un buen amigo
y oigo tus consejos y palabras de aliento.
Gracias, ángel guardián,
por escuchar mis preocupaciones.
Amén.

Conversar con tu ángel de la guarda debería ser tan natural como hacerlo con un amigo. Puedes compartir con él todos tus problemas y secretos. Esto es algo que deberías realizar a diario, y es lo que esta plegaria hace. Te recuerda que tu ángel es tu mejor amigo, y algo más que eso todavía, porque está unido a ti como ningún ser humano podría hacerlo. Le agrada que le hables, que compartas con él tus secretos, dificultades y preocupaciones —todo lo que está en tu mente—, porque no te juzgará de ninguna manera.

Tu ángel guardián te responderá haciéndote sentir que te has quitado un gran peso de encima, y lo maravilloso que es que compartas todo con él. En ese momento empezarás a sentir la tranquilidad que te da que tu ángel esté contigo. Sabrás que no estás solo. Y comenzarás a entender la orientación que él te brinda.

Tu ángel de la guarda puede ayudarte de dos formas: aligerando tu carga y dándote consejos.

Ésta es una plegaria maravillosa. Incluso puedes repetirla cuando vayas en un autobús, un taxi o un avión; sólo empieza a hablar en tu mente con tu ángel guardián como si estuviera sentado junto o frente a ti. Comparte todo con él.

Oración de agradecimiento

Gracias por todas las bendiciones que me has concedido,
Dios mío.
La bendición de tener un alma, un poco de tu luz.
La bendición de mi ángel de la guarda para la eternidad,
que no me abandona ni un segundo.
La bendición de la paz y el amor que habitan en mí.
La bendición de la familia que me has dado.
La bendición de aquellos que enviaste a mi vida para que
me acompañaran.
La bendición de vivir en armonía con quienes me rodean.
La bendición de mi esfuerzo, mi trabajo.
Las bendiciones de todas las cosas materiales
que tengo en la vida, grandes y pequeñas.

La bendición de este mundo maravilloso y la naturaleza
a mi alrededor.
Gracias, Dios mío, por todas las cosas que olvidé
agradecerte.
Y sobre todo, gracias por seguir bendiciendo mi vida
Amén.

Escribí este rezo hace muchos años. Está incluido en mí libro *Un mensaje de esperanza de los ángeles*. Es una oración de acción de gracias por todas las bendiciones que hemos recibido. Todos y cada uno de nosotros tenemos tantas bendiciones en nuestra vida que si yo hubiera alargado ese rezo, sería tan extenso que no habría cabido en un libro. Por eso, al final de la oración le doy gracias a Dios por las bendiciones que olvidé mencionar. Si alguna de ellas viene a tu mente cuando recites esta oración, menciónala también.

Basta con que mires a tu alrededor. Observa cada día de tu vida y verás todas las bendiciones que has recibido. Damos por sentadas muchas de ellas. Ni siquiera las recordamos hasta que desaparecen. A muchos de nosotros nos han quitado abruptamente alguna de ellas.

Una de las bendiciones que nos pueden ser arrebatadas poco a poco es nuestra capacidad para ver. A muchos de nosotros, los ojos nos fallan cuando envejecemos. Algunos perdemos la vista por completo. Es sólo cuando nos quedamos sin ella que nos percatamos de la gran bendición que era poder ver.

Oración por los amigos

Gracias, Señor, por los amigos que me has dado.
Protégelos y mantenlos a salvo;
que siempre seamos amigos y no peleemos;
que nos apoyemos, y que aceptemos nuevos amigos.
Que la luz de tus ángeles ilumine siempre a mis amigos.
Gracias, Señor.
Amén.

En esta breve plegaria reconoces lo precioso que es tener amigos en tu vida. Pides no pelear nunca con ellos y que se apoyen unos a otros toda la vida. Ruegas a Dios que los resguarde, proteja y mantenga a salvo, y que la luz de sus ángeles los rodee. Siempre debemos rezar por nuestros amigos.

Oración para cuando no tienes amigos

Le pedí a mi ángel guardián, Señor, que me ayudara
a hacer un amigo.
Él me ayuda,
pero me da pena pedirte, Dios mío,
que mandes más ángeles del cielo para que me den valor
y seguridad.
Estoy muy solo. Necesito un amigo.
No puedo hacer esto sin ti.
Gracias, Señor.
Amén.

Esta oración representa a cientos de miles de personas en todo el mundo, quizá millones, que no tienen amigos, ni uno siquiera. Suelen ser muy tímidas y tienen miedo de salir a la calle o de mantener una conversación breve, e incluso de saludar a alguien. Algunas en realidad se encierran en una habitación, lejos del mundo.

Muchos padres me dicen que les preocupan los miembros más jóvenes de su familia. Una madre o un padre me revela que su hijo o hija no tiene un solo amigo, a causa de su extrema timidez. Si les piden que salgan a algún lado, ellos se niegan a hacerlo.

Esta plegaria es para alguien que quiere cambiar. Para alguien que desea pedirles a Dios y a su ángel de la guarda que le ayuden a hacer amigos. Uno solo siquiera sería maravilloso, y le pide a Dios que envíe ángeles extra que le den seguridad y valor.

Si eres una de esas personas dispuestas a hacer un esfuerzo, hallarás un amigo, porque, aparte de ti, también otros buscan un amigo. Los padres pueden rezar esta oración por sus hijos.

Oración para salvar almas

Jesús y María, los amo.
Salven almas.
Amén.

Los ángeles me enseñaron esta oración cuando era muy pequeña. Un día sonreí cuando mi abuela, en su posada en Mount

Shannon, condado de Clare, la repitió para mí, porque pensé que nadie más la conocía. Los ángeles me sonrieron a su vez.

Está incluida en mi libro *Ángeles en mi cabello*, aunque se le añadió una palabra que no le pertenece. Cosas así suceden en ocasiones, y por eso el Ángel Hosus me indicó que incluyera esta plegaria en este libro, para que la gente reconozca que es una oración, no sólo palabras.

Este rezo es para salvar las almas de los vivos, para que nuestro cuerpo y alma se entrelacen. No es para impedir que algunas almas vayan al infierno; va más allá de eso. Es para salvarnos a todos de un giro equivocado de la humanidad. Creo que podemos decidir seguir el camino correcto.

Oración para aceptar el amor de Dios

Quiero rendirme a tu amor, Dios mío.
Permite que tu amor habite en mí,
permite que tu divina presencia crezca en mí,
permite que tu gracia destruya mi negación de tu amor.
Toca mi corazón y rodéame con tus ángeles.
Gracias, Señor.
Amén.

Ésta es una pequeña plegaria de anhelo de rendirte al amor de Dios. Es para permitir que ese amor habite en ti. Te ayudará a destruir el rechazo del amor de Dios que ha estado presente en tu vida todo el tiempo, aunque no siempre lo veas, pero ahora has madurado y quieres acercarte a Dios, tu ángel de la guarda y todos sus ángeles.

Oración de acción de gracias

Padre celestial,
gracias por ser mi Padre,
velar por mí y protegerme,
por amarme cuando soy bueno
pero, sobre todo, por amarme cuando soy malo.
Gracias, Padre celestial, por amarme tal como soy.
Amén.

Éste es un rezo para dar gracias a Dios, nuestro Padre celestial, por amarnos tal como somos, buenos o malos. Es una oración muy poderosa cuando has hecho cosas buenas; cuando has sido afectuoso, amable y compasivo y auxiliado a los demás.

Pero también es una oración para recitar en momentos en los que no has sido tan bueno, en los que quizá te has enojado y no has sentido amor ni compasión. A sabiendas de que Dios te ama, esta plegaria te da la esperanza de volver a empezar y esforzarte por ser una persona buena, amable y afectuosa.

Oración para invocar al Arcángel Miguel

Te invoco, Arcángel Miguel;
permanece a mi lado el día de hoy,
porque soy débil y vulnerable.
Cúbreme con tu escudo protector.
Dame fuerza y consuelo.
Gracias, Arcángel Miguel.
Amén.

Oración de gratitud

Doy gracias a Dios por mí,
y por ti, Arcángel Miguel.
Amén.

En esta breve oración le das gracias a Dios por ti y por la presencia del Arcángel Miguel en tu vida. Le agradeces el don de este ángel maravilloso, que ha hecho tanto por nuestro mundo y ayudado a muchas personas intercediendo ante Dios por todos nosotros.

Oración por el don del cielo

Te suplico, Señor, que infundas en nosotros el poder de la oración,
esa fuerza potente e inagotable que viene del cielo.
Introdúcela en la chispa radiante de luz que es nuestra alma.
Te amo, Señor.
Amén.

En esta plegaria aceptamos en nosotros la poderosa fuerza de la oración que viene del cielo. La poderosa fuerza de la oración reside en el cielo, es Dios mismo. Pedimos lo que necesitamos humanamente en este mundo, así como lo que necesitamos espiritualmente. Ese poder baja del cielo, nosotros lo personalizamos y lo devolvemos a las alturas.

La poderosa fuerza de la oración que proviene del cielo se

vuelve parte de nosotros, debido a su contacto con nuestra alma, que da forma a esa fuerza.

Nuestra alma es esa chispa de la luz de Dios que está dentro de cada uno de nosotros y, si lo permitimos, puede estar en constante oración. Puede haber un torrente de rezos en todo momento de cada uno de nosotros hacia el cielo, al Trono de Dios. Imagina cómo podría manifestarse esa poderosa fuerza de la oración en el futuro, cómo podría cambiar nuestro mundo, cómo podría sanarlo todo. A casi todos se nos revela el poder de la oración en diversos momentos de nuestra vida. Estoy segura de que si todos rezáramos, moveríamos montañas.

Creo que ahora es más fácil que aprendamos a orar, porque conocemos mucho mejor nuestro lado espiritual, el alma. Tomamos la decisión de rezar, o meditar, en múltiples formas. Hoy en día tenemos la libertad de tomar esas decisiones. No tenemos que apegarnos a antiguos rituales transmitidos por nuestros antepasados.

También sabemos que podemos orar en cualquier parte, aunque todavía nos agrada hacerlo en lugares sagrados, porque percibimos en ellos una sensación de paz y espiritualidad. Nos hemos permitido tomarnos la libertad de orar.

Oración para que Dios crea en mí

Cree en mí, Señor,
para que yo pueda hacerlo también.
Sin ti no soy nada,
porque nada puedo hacer sin tu ayuda.

Tu fe en mí es todo lo que tengo,
me ayuda a creer en mí.
Tú eres mi refugio y fortaleza.
Gracias, Dios mío.
Amén.

Le pides a Dios en este rezo que crea en ti, a fin de que tú también puedas creer en ti mismo. Te acercas a él con la esperanza de que crea en ti, aunque en el fondo sabes que ya lo hace. Esto te ayuda a creer en ti. Dios muestra en tu interior que cree en ti; experimentarás y sentirás esa fe. Pienso que ésta es una oración que todos debemos decir en determinados momentos de nuestra vida, sobre todo cuando perdemos la fe y tocamos fondo.

En esos momentos nos percatamos de la necesidad de saber que Dios cree en nosotros. Reconocemos que sin su ayuda y la de Nuestra Señora, todos los ángeles y nuestro ángel guardián, no conseguiremos nada. Es muy importante que todos tomemos conciencia de Dios, de Nuestra Señora, de todos los ángeles de Dios, de nuestros seres queridos y de todos los santos que se han ido al cielo.

Capítulo 13

El alma y nuestro viaje espiritual

Oración para dar gracias a Dios por mi ángel de la guarda

Gracias, Dios mío, por el precioso don de mi ángel guardián,
quien no me abandona un solo segundo,
me guía y protege
y me quiere de forma incondicional,
con un amor inagotable,
sin dejarme jamás,
aun si otros los hacen.
Con sus amorosos brazos me envuelve todo el tiempo
y nunca me suelta.
Gracias, Señor, por el mejor regalo de todos:
mi ángel de la guarda.
Amén.

Dios me ha pedido que escriba muchas plegarias que tú puedes dirigir a tu ángel guardián. Todas las palabras que recibí para cada una de las oraciones de este libro provienen de Dios. Él quiere que cada rezo de este volumen toque tu corazón y tu alma, te enseñe a orar. Me agradan las palabras de esta plegaria, ya que en ella le doy gracias a Dios por mi ángel guardián, quien me quiere incondicionalmente con un amor que no se acaba nunca. Aun si los demás se dan por vencidos contigo, sé que tu ángel de la guarda jamás te abandonará.

Oración para pedir ayuda a los ángeles guardianes en las tareas diarias

Ángel de mi guarda,
ayúdame a cumplir mis deberes de hoy.
Son tareas pequeñas, pero enormes para mí.
Ojalá puedas pedir a Dios que envíe algunos ángeles extra en mi ayuda, aunque no quisiera molestarlo.
Gracias, ángel de mi guarda,
por permitirme cumplir hoy mis deberes.
Amén.

En esta oración pides ayuda a tu ángel guardián para cumplir las labores que debes hacer cada día. Le pides que solicite a Dios algunos ángeles extra también. Habla con tu ángel en este rezo como si fueran grandes amigos. Ésta es una oración preciosa para mí. Siempre le pido a mi ángel guardián que me asista para llevar a cabo todo lo que debo hacer cada día. Tú puedes hacerlo también; sólo recita esta oración.

Oración para las labores cotidianas

Necesito, Señor, que me ayudes a pasar este día.
Aborrezco mi trabajo,
me resulta pesado y difícil.
En realidad no me interesa.
Me cansa y me aburre.
Ayúdame a ver lo positivo en lo que hago
para que no lo sienta como una carga
y todo cambie para bien.
Gracias, Señor.
Amén.

La mayoría de nosotros, en algún momento de nuestra vida, terminamos haciendo algo que no nos interesa y nos resulta muy aburrido. Ésta es una oración que contribuirá a que cambies eso, para que en el futuro hagas algo de tu agrado que no experimentes como un fastidio.

Oración para cuando Dios toca mi alma

Gracias, Señor, por tocar mi alma,
y permitir con lágrimas de alivio
una calma inmensa en mi interior
de amor y esperanza.
Gracias, Dios mío.
Amén.

Ésta es una plegaria muy poderosa. Cuando Dios toca tu alma, su amor te da esperanza y alivio, e infunde en ti una calma y paz muy profundas. Esto le sucede con frecuencia a la gente en momentos de enorme estrés, tragedia y desesperanza. Cuando clamas a Dios en la oración, él toca tu alma y te concede tal alivio que las lágrimas acuden a tus ojos y sientes una serenidad de esperanza y amor.

Oración para sanar

Ángel de mi guarda,
pide que sane
para que pueda continuar con mi vida.
Intercede por mí ante Dios
para que envíe a su Ángeles Sanadores
y yo pase el resto de mis días sin tanto dolor.
Gracias, ángel de mi guarda,
por pedir por mí.
Amén.

Éste es un rezo en que ruegas a tu ángel guardián que pida e interceda ante Dios por ti, en especial cuando necesitas curar tu cuerpo físico. Tal vez debas sanar de una larga enfermedad, o tienes constante dolor porque tu cuerpo ha envejecido, o te sientes desanimado o deprimido. Pides a tu ángel que rece por ti y hable con Dios en tu favor, para que te envíe a sus Ángeles Sanadores.

Oración para ser aceptado

Te imploro, Dios mío,
que envíes a tus ángeles desde el cielo
para que encuentre mi lugar en este mundo,
porque no me siento aceptado en ningún sitio.
Mi ángel guardián me envuelve
tan fuerte entre sus brazos
que no me permite cejar en la búsqueda
de un lugar donde me acepten.
Ayúdame a ver ese sitio.
Gracias, Dios mío.
Amén.

Esta plegaria está hecha especialmente para alguien que no cree encajar en ningún lugar, que no se siente a gusto en ninguna parte, pero todos pertenecemos a algún sitio en diferentes momentos de nuestra vida. En ocasiones perdemos de vista esto, y en esta oración le pides a Dios que te ayude a encontrar tu lugar en este mundo. Se te recuerda que tu ángel de la guarda te estrecha con fuerza para que no te des por vencido.

Oración para pedir ayuda en mi viaje espiritual

Socórreme en mi viaje espiritual, Señor.
Estoy en tu búsqueda
en afán de conocer el cielo,
mi alma, mi ángel guardián,
todos tus ángeles y la existencia del paraíso.

Veo que caminas frente a mí;
eres como una luz radiante que me llama a seguirla.
Ansío encontrarte.
Gracias por guiarme, Dios mío.
Amén.

Éste es un rezo que te alienta cuando te hallas en un viaje espiritual en pos de Dios y la comprensión de sus ángeles y el cielo. Es un viaje muy largo. Pienso que lo iniciamos desde que nacemos y que sólo termina cuando nuestro cuerpo humano muere, el alma se va al cielo con nuestro ángel guardián y nos damos cuenta de que hemos caminado con Dios todos los días de nuestra vida.

Es a causa de nuestra alma que siempre estamos en busca de Dios, en un viaje espiritual. Sea cual fuere tu religión y creas en Dios o no, todos buscamos el significado de nuestra existencia y de todas las cosas en la naturaleza que nos rodea. Eso nos fascina. Dios nos fascina.

Sean científicas o filósofas religiosas, las personas siguen una dirección u otra en pos de razones para la humanidad y cómo empezó la vida. Sus teorías cambian siempre, porque la ciencia descubre más cosas, y por un momento ellas creen estar en lo correcto hasta que se descubre otra cosa que altera todo otra vez.

Muchos de nosotros sólo podemos estar en busca de Dios a través de la lectura de libros espirituales, como la Biblia, el Corán o textos de otras religiones. Una cosa sí puedo decirte: Dios existe, igual que tu ángel de la guarda. Todos tenemos un alma, esa chispa de la luz de Dios, y un día volveremos a reunirnos con nuestros difuntos, cuando llegue el momento de que vayamos al cielo.

Oración por los refugiados

Te pido, Señor, que ayudes a los refugiados,
los hombres, mujeres y niños que tienen que huir de su país
sin que sea culpa suya, sino de la guerra, la pobreza,
en busca de esperanza.
Ayúdame a tener bondad en mi corazón para auxiliarlos,
porque un día podría ser uno de ellos
y quizá hoy uno me dé la ayuda que necesito.
Permíteme ser bueno y gentil con los refugiados,
Dios mío.
Amén.

Ésta es una plegaria para pedir ayuda para los refugiados. La mayoría de ellos no tienen nada. Son personas como tú y como yo. Quizás hablen un idioma distinto o tengan una cultura diferente, pero no es culpa suya. Debemos tender la mano y ayudar siempre a los extranjeros.

Un día tú podrías necesitar esa ayuda. No creo que asistamos lo suficiente a los refugiados. He conocido a hombres y mujeres que me contaron que fueron refugiados, que sus padres huyeron a otro país. Trabajaron con ahínco para sacar adelante a su familia. Son buenas personas.

Oración para agradecer las bendiciones de todos los días

Gracias, Dios mío, por tus bendiciones en mis actividades diarias.
Gracias por la bendición de mi ángel guardián.
Gracias por la bendición de los ángeles desempleados que me ayudan.
Gracias por las bendiciones en mi vida diaria,
las grandes y las pequeñas.
Gracias por la bendición de que tú, mi Señor, estés a mi lado.
Gracias.
Amén.

Ésta es una breve oración para dar gracias a Dios por las bendiciones en tus actividades cotidianas, sean grandes o pequeñas, así como por tu ángel guardián y todos los ángeles desempleados que él ha puesto en tu vida. Le agradeces a Dios la bendición de tenerlo junto a ti.

Capítulo 14

Reconstruye el amor después de un trauma

Oración de una víctima de agresión sexual

Dios mío y ángel de mi guarda, ¡ayúdenme!
Fui víctima de una agresión sexual;
socórranme en mi recuperación.
Siento mucho odio y amargura,
mi vida se ha extraviado por completo.
Señor, ángel de mi guarda y todos los Ángeles Sanadores,
veo a lo lejos una lucecita,
pero mi ira y mi odio me confunden.
Asístanme para que pueda sobrevivir y superar esto.
Ayúdame, Dios mío, a recuperar mi vida,
líbrame del temor que me invade.
Necesito tu apoyo.
Sé que pudo ser mucho peor; lucharé por sobrevivir, pero es difícil.

Gracias, Señor, ángel de mi guarda y todos los Ángeles Sanadores, por su ayuda.
Amén.

No puedo imaginar siquiera la experiencia de sufrir una agresión sexual, aunque Dios y los ángeles me han dicho que es horrible. Es muy difícil recuperarse. Esto es algo terrible que puede sucederles por igual a hombres, mujeres y niños, de quienes a veces se abusa sexualmente durante años.

Sin duda esto destroza por completo a una persona. Sin duda ella pierde toda la seguridad y confianza en sí misma y se llena de cólera y amargura. Esta plegaria es para alguien que ha sufrido una agresión sexual. Podrías ser tú o un ser querido, y les pides a Dios, tu ángel guardián y todos los Ángeles Sanadores que te ayuden, te den fuerza y valor para sobrevivir. Quieres recuperar tu vida y que todo vuelva a la normalidad.

Sé que una agresión sexual no se disuelve nunca, pero Dios y los ángeles pueden hacer el milagro de que encuentres fuerza para ser feliz y disfrutar de la vida otra vez. Sé que puedes hacerlo; esta oración te dará fortaleza.

Oración por la recuperación de un abuso sexual

Te estoy eternamente agradecido, Señor.
Estoy libre ya del miedo del pasado.
Estoy libre ya del trauma del abuso sexual.
Libre para recibir dicha y amor.

Gracias, Dios mío, por todo,
a partir de este momento de mi vida.
Amén.

Este rezo es para cuando alguien da gracias por haber superado un abuso sexual. El dolor físico y mental que esto le hizo sentir le impedía llevar una vida normal, pero ahora se siente en libertad de recibir dicha y amor, como todas las demás personas. Le da gracias a Dios por su nueva vida a partir de ese momento.

Oración para librarse de enfermedades mentales

Líbrame, Dios mío, de mi ansiedad y depresión.
Ayúdame a sanar.
Líbrame de mis dolores físicos.
Líbrame de mis malos hábitos.
Líbrame de cargas desconocidas.
Líbrame de este horrible lugar.
Líbrame para que salga de mi pena y vuelva a vivir.
Déjame sentir la luz de tu esperanza y de tu amor.
Gracias por ayudarme, Dios mío.
Amén.

Ésta es una oración personal de alguien que padece ansiedad y depresión. Le pide a Dios que lo libre, en especial de la depresión y la ansiedad, el nerviosismo y el temor. Desea dejar de sufrir a fin de que pueda vivir de nuevo.

Sé que esta plegaria tocará en lo más profundo a muchas personas, porque quizá sea algo que les ocurre a ti o a algún conocido tuyo. Puedes decirla también en favor de él, sobre todo si no es capaz de cuidar de sí mismo.

Confío en que pronunciarás esta oración por alguien que conoces. Podría ser un familiar o amigo, o incluso un desconocido de quien sabes que sufre el dolor de la angustia y la depresión, o cualquier otro tipo de congoja.

Oración de gratitud por el sol y la alegría de la vida

Gracias, Dios mío,
por otro día de sol y alegría en mi vida.
¿Podrías concederme que el resto de los días que me quedan estén llenos de luz y felicidad?
Gracias por cada día que me queda, Señor.
Amén.

Esta plegaria la recita alguien que sabe que morirá pronto. Aunque ésta es la voluntad de Dios, le agradece un día más de dicha y sol en su existencia. Y le pregunta si es posible que el resto de sus días estén llenos de felicidad. Le da las gracias por cada día más.

Puedes decir este rezo por alguien cuya muerte está próxima. Pide que sus últimos días, semanas o meses estén llenos de tanto sol, amor y alegría como sea posible.

Oración para curar una relación entre padres e hijos

Ángel de mi guarda,
quiero volver a llevarme bien con mi hijo.
Pídele a su ángel guardián que le haga sentir el amor
que le tengo.
Lo quiero mucho.
Ruega a Dios que lo rodee con sus ángeles.
Que lo colme de bendiciones y lo mantenga a salvo.
Gracias, Señor.
Amén.

Éste es un rezo para pedir que reviva una cordial y afectuosa relación entre un/a padre/madre y un/a hijo/hija. El hijo podría ser mayor de diez, veinte, cuarenta o cincuenta años; puede tener cualquier edad.

Un padre suplica a su ángel guardián que le pida ayuda al de su hijo. Y ruega a Dios que rodee a este último con sus ángeles y lo mantenga a salvo, porque lo quiere. Le duele no tener ya con su hijo una relación cariñosa y cordial.

Oración para pedir el auxilio de los Ángeles Maestros

Envía, Dios mío, todos los Ángeles Maestros
que puedas para que socorran a mi familia.
Necesitamos que nos ayuden
a hacer fructificar las bendiciones que tú nos has dado.

Gracias, Señor, por tus Ángeles Maestros.
Amén.

Puedes pedirle a Dios que mande a sus Ángeles Maestros a asistirte en cualquier tarea que tengas que aprender. Sabemos que esas tareas suelen ser exámenes escolares o estudiar para la universidad, pero en ocasiones podría tratarse de que aprendas a desempeñar lo mejor posible tu nuevo empleo, o a andar en bicicleta o conducir un automóvil.

Podría ser cualquiera el motivo de que le pidas a Dios que envíe a sus Ángeles Maestros para que te ayuden a aprender. También puedes solicitárselo a tu ángel de la guarda. Él no puede permitir que ningún otro ángel esté a tu alrededor a menos que Dios lo determine. Doy gracias a Dios y a mi ángel de la guarda de que manden siempre a Ángeles Maestros dentro y alrededor de mí cuando los necesito.

Oración para presentar un examen

Ayúdame, Señor, a aprobar este examen.
He hecho mi mejor esfuerzo.
Dame la seguridad y confianza de que puedo hacerlo.
Gracias de antemano por tu apoyo, Dios mío.
Amén.

Esta breve plegaria es para que Dios nos ayude a aprobar nuestros exámenes, ya sean escolares o de trabajo. Todos necesitamos asistencia para pasarlos, para tener fe y seguridad en nosotros a fin de que realicemos el estudio o trabajo que requerimos para aprobarlos. Pide a los Ángeles Maestros que te rodeen, te alienten a llevar adelante la labor que debes hacer y te ayuden a escucharlos.

Oración para los momentos difíciles

Derrama sobre mí, Señor, tu gracia de esperanza
y permite que siempre vea esa luz
brillar ante mis ojos.
Ilumina la oscuridad, lléname de esperanza y fe
y otórgame el consuelo de tu amor.
Dame valor y fuerza para saber
que superaré este momento difícil.
Lléname de la dicha y confianza de saber
que soy tu hijo y que cuidarás de mí
y de los que quiero.
Escucha mi ruego.
Amén.

Ésta es una plegaria para los momentos difíciles, por los que todos pasamos en diferentes periodos de nuestra vida. En ocasiones, esos momentos son críticos; en otras, no son tan malos. Como quiera que sea, los superaremos siempre.

En esta oración ruegas a Dios que vierta sobre ti la gracia de la esperanza. Le pides que te permita ver brillar esa luz, que ésta ilumine la oscuridad y tú puedas hallar la forma de superar tus dificultades. Quizás ellas te parezcan enormes, pero esa luz en la oscuridad te llenará de fe y esperanza. Te dará valor y seguridad para ponerte de pie y caminar hacia la luz de la esperanza. Te alentará a hacer lo que debes en tu beneficio propio.

Los ángeles de Dios te tienden la mano y te brindan alegría. Sabes que Dios, todos sus ángeles y tu ángel guardián te ayudarán, porque sabes que eres hijo de Dios. Él cuida de ti y de los que quieres. Sabes que escucha tu rezo.

Capítulo 15

Soy digno del amor de Dios

Oración de esperanza por la Navidad

En esta Navidad te pido, Señor,
que el don del Ángel de la Esperanza
llegue a mi vida,
a la de mis seres queridos
y a la de todas las personas del mundo
necesitadas de esperanza en esta época.
Amén.

Esta oración es para esa especial temporada del año. En ella le pides a Dios que en esta Navidad te dé como regalo el Ángel de la Esperanza, y no sólo a ti, sino que también esté presente en la vida de tus seres queridos y de toda la gente del planeta necesitada de ayuda y del don del Ángel de la Esperanza.

La Navidad es un momento especial para rezar, ya que entonces se abren un poco más las puertas del cielo. De igual forma, es la temporada del equinoccio de primavera, cuando religiones del mundo entero celebran sus festividades, como la de la Pascua. En esos especiales momentos del año, estoy muy consciente de la historia y me siento más llamada a orar.

Oración de Pascua

Perdóname, Dios mío, por el dolor y sufrimiento de tu hijo.
Gracias por tu sacrificio,
porque sin él no tendríamos resurrección.
Ahora sé que viviré eternamente
y que mi alma regresará a ti, Señor mío.
Amén.

La Pascua se relaciona con la crucifixión del hijo de Dios, quien murió por todos nosotros, pero sobre todo tiene que ver con la resurrección, que nos da vida y nos deja en libertad para que nuestra alma vuelva a Dios, porque Dios es amor.

La única forma en que puedo explicarlo es que, en ciertos días, nuestras oraciones suben al cielo con más fuerza. No es necesariamente el mismo día cada año; puede ser cualquiera. Aun si no se da cuenta de ello, yo noto que la gente reza más en esos días particulares, y ella me dice a menudo que oró intensamente, o por primera vez aquel día.

Sé que de principios de noviembre al día de Año Nuevo, las puertas del cielo se abren un poco más. Los ángeles nos conceden más dones, y dan forma a alguna parte de un rezo que estaba en tu alma y tu corazón pero que por algún motivo no habías expresado aún durante tus oraciones.

El verano es un periodo de oración y celebración. En esa época hay más alegría, pero también más temor de no salir adelante. Es una etapa de gran expectación, aunque también es entonces cuando nuestras mayores esperanzas están en la balanza. Es un periodo en el que la gente se angustia acerca de si está haciendo lo correcto o no, y en este contexto una plegaria concede orientación y esperanza y nos ayuda a tomar más conciencia de nuestras posibilidades y bendiciones. La oración contribuye a que el verano se abra más todavía.

Oración de verano

Ha llegado el verano, Señor.
Gracias por todos los frutos de abundancia
en cada aspecto de mi vida,
que ahora debo compartir con mis familiares y vecinos.
Que la cosecha del verano sea en su vida
tan buena como la mía
o mejor, si es posible, Dios mío.
Gracias por la cosecha del verano
en todo el mundo.
Amén.

En el verano das gracias a Dios por la cosecha en cada aspecto de tu vida, sea en tu trabajo, familia, amigos o toda la naturaleza que te rodea. Todo lo que has producido es tu cosecha de verano. Para cada uno de nosotros hay una cosecha de verano de uno u otro tipo, y es maravilloso reconocer lo bien que te ha ido y des las gracias.

Los ángeles suelen copiar la alegría y celebración de esa persona y época del año de una manera amorosa. Nos enseñan que no hay motivo de que nos angustiemos o temamos. Deberíamos celebrar.

Yo agradezco con frecuencia a Dios las cosas buenas que han sucedido en el mundo y en mi familia. Es así como lo alabo: dándole gracias. A la gente suele incomodarle que le digan que debe alabar a Dios, porque cree que él no lo necesita. Cree esto porque no acepta el amor de Dios. Ha dejado de ver las bendiciones, las cosas buenas en su vida.

Dios no necesita que lo alabemos como antes nos enseñaban. Lo que quiere es que disfrutemos de la vida lo más posible. Cuando hacemos eso, cantamos sus alabanzas.

Escribí este libro porque deseo que todos hablemos con Dios con más libertad, que lo veamos como si estuviera sentado junto a nosotros. Es mi deseo que abramos de par en par nuestro corazón.

Oración por la gracia de la sanación

Gracias, Señor mío, por darme la gracia de la sanación.
Ayúdame a tomar más conciencia
del poder de tu gracia curativa dentro de mí,
esa poderosa fuerza de tu amor.
Ayúdame a liberar esa gracia sanadora del amor
que hay dentro de mí, surgida de mi alma,
en mi beneficio y el de mis seres queridos.
Amén.

Dios nos ha dado a todos la gracia de la sanación, la cual reside en nuestro interior. La gracia de la sanación es una fuerza muy poderosa que procede de nuestra alma. Todos la poseemos, porque nuestra alma es la chispa de la luz de Dios, una pequeña pieza de él que llena cada parte de nosotros con su gracia y luz.

Podemos dirigir esa gracia sanadora del amor hacia los demás, y usarla también para nosotros mismos. Podemos pedir en la oración que eso suceda. Esta petición forma parte de una conciencia más aguda sobre tu alma, y es especialmente poderosa cuando tu alma hace acto de presencia.

Veo a menudo esa gracia sanadora. Es la misma fuerza que el amor. Dependiendo de la persona de quien se trate, en ocasiones veo una intensidad diferente en esa gracia sanadora. Pienso que esto se debe a la situación emocional, psicológica y física de esa persona.

A pesar de esas variaciones, dicha gracia brilla siempre. No puedo describirla en realidad como una experiencia física. Es radiante. Es potente. Es como mirar más allá de la luz del sol, como una explosión enorme que emergiera de una persona para llevar a cabo su labor curativa y volver después a sumergirse en ella.

Podemos usar esa gracia sanadora para nosotros, pero también para los demás, cuando rezamos y pedimos por su curación. Si una madre o padre abraza a su hijo mientras llora y éste deja de sollozar, ha hecho uso de la gracia sanadora. Si tú tomas a alguien de la mano mientras sufre y su dolor, físico o emocional, se reduce, es por obra de un don que Dios nos ha dado a todos, el de la gracia sanadora.

Oración para reconocer mi valor

Ayúdame, Señor, a valorarme como individuo,
a saber que soy único y perfecto porque soy hijo tuyo.
Permite que reconozca mi personalidad individual.
Ayúdame a creer en mí
para que yo sea como quieres
y ayúdame sobre todo a amarme a mí mismo
por ser tu hijo.
Sé que con tu amor lo lograré, Señor.
Gracias por socorrerme.
Amén.

Esta oración es para que todos creamos en nuestro valor como individuos. Te ayudará a reconocer que eres hijo de Dios. Te permitirá creer en ti con positividad y valentía. El hecho de ser tú mismo te concederá amor, esperanza, paz y alegría. Toda esa felicidad llega con la admisión de tu valor como individuo.

Oración a Dios como mi cuerda de salvamento

No sobreviviría sin ti, Señor;
eres mi cuerda de salvamento.
Eres mi vida, mi amor, mi esperanza.
Eres todo para mí,
porque sin ti mi vida no tendría sentido.
No podría sobrevivir sin ti, Dios mío,
porque tú le das significado a mi existencia.
Amén.

Esta plegaria habla de tu apego a Dios. Aceptas que sin él no podrías sobrevivir, que él significa todo para ti. Dios es tu vida y sin él tu existencia no tendría sentido; gracias a él, en cambio, tu vida está rebosante de significado. El amor de Dios y esa pequeña chispa de luz —tu alma— forman parte de él y de su amor puro.

Oración para pedir buena suerte

Te pido que me concedas, Señor,
una racha de buena suerte.
Estoy a la espera de que Jesús baje del cielo
y lo remedie todo.
Sé que enjugará mis lágrimas
y detendrá el río del dolor y el sufrimiento
y permitirá que corra el caudal de la suerte
para hacer sonreír de nuevo a los que quiero.
Gracias de antemano, Jesús, por bajar del cielo
para decirme que todo estará bien.
Gracias, Dios mío.
Amén.

Este rezo puede decirse para muchas cosas. Podría recitarlo un hombre que perdió a su esposa, tiene un hijo que educar y enfrenta condiciones extremadamente difíciles. Su corazón está destrozado, lo mismo que su hijo, porque ambos perdieron a la persona que más querían en el mundo.

También podría usarla alguien que literalmente ha perdido todo en la vida: a sus seres queridos y todas sus pertenencias materiales, salvo la ropa que lleva puesta. Está en un lugar oscuro, lleno de temor y ha perdido la esperanza.

Rogamos entonces a Dios que llegue a nuestra vida un poco de suerte. En medio de nuestras lágrimas, pedimos que Jesús baje del cielo y lo componga todo.

Ésta es una oración muy poderosa para todos. Pides que el río del dolor y el sufrimiento sea bloqueado. Ruegas que tus seres queridos vuelvan a sonreír.

Oración para protegerme del odio

Ángel de mi guarda,
recuérdame que no debo ser racista
ni sentir en mi corazón odio, furor ni amargura
contra los demás,
ni fomentar la violencia.
No permitas que el odio me envilezca.
De ti dependo, ángel mío.
Hazme ver que haría mal
y pon amor y compasión en mi corazón.
Gracias, ángel guardián.
Amén.

Rezas aquí a tu ángel de la guarda para que te ayude a no ser racista jamás. Le pides que impida, por todos los medios posibles, que te conviertas en una persona violenta. Le ruegas que salvaguarde tu corazón con amor y compasión.

El mundo necesita muchísimo amor. Todos debemos permitir que el amor que está dentro de nosotros salga a la luz, para que se derrame sobre el mundo entero y detenga todo odio, cólera, violencia y amargura.

Oración por mis hijos

Te doy gracias, Señor, por cada día.
Te pido humildemente que rodees con tus ángeles a mis hijos.
Protégelos de todo mal.
Que les vaya bien en la vida y sean felices.
Gracias, Dios mío.
Amén.

El Ángel Hosus me dio esta breve oración para que por su intermedio pidas protección para tus hijos, que les vaya bien en la vida y que sean felices, que es lo que más desean todos los padres para sus hijos. Quieren que ellos tengan trabajo y encuentren amor, felicidad y alegría, así como que tengan una vida plena. Aquí pides a Dios una vida feliz para tus hijos.

Oración para agradecer el amor de Dios

Ángel de mi guarda,
habla con Dios en mi nombre
y dile que doy gracias por su amor.
Cada vez que me pierdo y renuncio a la esperanza,
doy gracias de poder contar con él.
Saber que me ama y que me da paz y alegría
hace que la esperanza renazca en mí.

Gracias, ángel de mi guarda, por ayudarme.
Amén.

En esta plegaria le pides a tu ángel guardián que le diga a Dios, en nombre tuyo, lo importante que es para ti contar con él y recibir su amor, alegría y paz. Esto te da la seguridad que necesitas.

Cada vez que te pierdas y abandones la esperanza, debes saber que tu ángel de la guarda hablará con Dios y le recordará lo importante que su amor es para ti todos los días de tu vida.

Capítulo 16

Vive al máximo

Oración para dar gracias por tu alma

Gracias, Dios mío, por compartir conmigo algo de ti:
esa chispa de luz y amor dentro de mi cuerpo humano,
mi hermosa alma que forma parte de ti,
de tu amor y compasión.
Gracias por mi alma de puro amor.
Amén.

Esta oración es para que le agradezcas a Dios que te haya dado una parte de él, esa diminuta chispa de su luz que es tu alma.

Oración de gratitud por las personas que me ayudan cada día

Te agradezco eternamente, Señor,
porque me habría perdido
de no ser por las personas que has puesto en mi vida.

Te pido, Dios mío, y a todos tus ángeles,
que veles por ellas.
Bendícelas con tu amor,
curación, paz y esperanza.
Amén.

Este rezo hace que recuerdes a todas las personas que Dios ha puesto en tu vida, así sea sólo un momento, y te han tendido la mano. Muy a menudo nos olvidamos de ellas, trátese del tendero, tu vecino o un desconocido que te ayudó. Ésta es una pequeña plegaria de agradecimiento para pedirle a Dios que bendiga a esas personas, dondequiera que se encuentren.

Oración para pedir resolución

Ángel de mi guarda,
ruega a Dios por mí.
Pídele que me dé resolución,
porque mi falta de entereza
me vuelve vulnerable cuando tomo decisiones.
Dile a Dios, ángel guardián,
que doy gracias por todo lo que me ha dado,
pero que si pudiera acendrar un poco mi resolución,
le estaría muy agradecido.
Amén.

Pides aquí a tu ángel de la guarda que implore a Dios que te dé resolución. Ésta es realmente muy importante. Es algo que todos necesitamos.

Una madre y un padre deben tener entereza para guiar a sus hijos. Todos necesitamos de ella en nuestra vida emocional. La requerimos en nuestro trabajo o cuando estamos con nuestros amigos. Debemos tener firmeza para decir sí o no. Son muchas las razones por las que nos hace falta.

Quizá te hayas dicho más de una vez: "Si hubiera sido más firme, no habría tomado esa decisión". Te refieres con ello a la resolución. No escuchaste a tu yo interno, tu alma o tu ángel guardián. Todos debemos recitar esta plegaria de vez en cuando, para tener la determinación de escuchar.

Oración para dormir

Ángel de mi guarda,
es hora de que me adormezcas.
Envuelto por tus alas y tus brazos,
cierra mis ojos
con la luz de las yemas de tus dedos.
Mientras duermo, vigílame y protégeme.
Cuando despierte en la mañana,
haz que me sienta bien y renovado,
querido ángel guardián.
Amén.

Dirige este rezo a tu ángel de la guarda justo antes de que te duermas. Quizá para ese momento ya te hayas acostado y te encuentres bajo las cobijas. Ya has dicho tus oraciones, pero das vueltas en la cama sin poder dormir, o te dispones a hacerlo pero pides ayuda de todas formas.

No olvides pedir ayuda si no puedes dormir. Cierra los ojos e intenta relajarte. Deja que tu ángel guardián te ayude a caer en un profundo sueño. Ten fe y cree en que él te auxiliará.

Oración para ser mensajero

Ángel de mi guarda,
haz de mí un mensajero para los demás.
Cuando me murmuras al oído,
o lo hace el alma de un ser querido que has traído hasta mí,
que diga o haga algo, casi nunca te escucho,
pero tú me dices: "No temas".
Gracias, ángel mío, por ayudarme.
Amén.

Esta hermosa plegaria es una manera de pedirle ayuda a tu ángel guardián para que te convierta en un mensajero para los demás y no temas serlo. A veces nos acometen sensaciones extrañas y tenemos el impulso de hacer algo que usualmente no hacemos. Podría ser sonreírle a un desconocido o entablar una conversación con alguien.

En momentos así, los ángeles, o el alma de un ser querido, nos usan como mensajeros para que ayudemos a los demás. Para que asistamos, por ejemplo, a nuestros amigos o familiares, aunque podría tratarse también de un desconocido. De pronto cruza por tu mente un pensamiento, venido de tu ángel guardián o del alma de un ser querido que él ha acercado a ti, que te impulsa a decir algo. Podrías considerar que es una cosa absurda, pero no debes pensar así. Sólo dilo. Recuerda no decir nunca algo hiriente, porque eso no procede de tu ángel guardián ni del alma de un ser querido.

Todos necesitamos esos mensajes en nuestra vida, porque nos dan esperanza. En este rezo le pides a tu ángel guardián que te ayude a ser un mensajero, para que des esperanzas a alguien, porque confiemos en que un día en que tú necesites un mensaje, alguien te dirá algo que tocará tu corazón y tú comprenderás lo que significa. Podrían ser apenas dos palabras, que te hagan sonreír. Tal vez no signifiquen nada para quien acaba de decírtelas, pero tú oyes el mensaje que encierran. Por eso es tan importante que escuches a tu ángel de la guarda.

Si se te solicita hacer algo que normalmente no harías, como sonreír en una cafetería o saludar a alguien que está sentado junto a ti, hazlo. Podrías decirle: "Hola, ¡qué hermoso día!, ¿verdad?". Entabla con esa persona una conversación; o si ella es quien la inicia, continúala.

Quizá su ángel guardián o un ser querido le pidió hacerlo, aunque podría ser que el mensaje no esté dirigido a ti. Tal vez te corresponda a ti transmitir un mensaje de algún tipo, mediante las palabras amables o bondadosas que digas. Ruega entonces a tu ángel guardián que te ayude a ser un mensajero.

Oración para que alguien me ame

Nadie me quiere,
ángel de mi guarda.
Sé que tú me amas
y agradezco tu amor;
es incondicional, lo sé.

Pero también necesito amor humano
y no siento que nadie me quiera.
Necesito que alguien me diga que me ama.
Necesito que unos brazos humanos me rodeen
con ese toque humano del amor.
Que hoy alguien me diga que me quiere,
incluso un desconocido.
Gracias, ángel guardián, por amarme.
Amén.

Esta oración es muy hermosa y especial. Todas lo son, pero he conocido a personas del mundo entero, de todas las edades, que me dicen que nadie las ama. Esto me destroza el corazón.

Por supuesto que yo les digo que su ángel guardián las ama, y yo también. Les doy un abrazo y a menudo ellas lloran, sean hombres, mujeres o niños. Me cuentan que nadie les ha dicho nunca que las quiere, así que no olvides decirles a quienes te rodean que los amas.

También haz lo posible por querer a los desconocidos. Yo invito a la gente a que diga a todos: "Te amo". Debe decirlo de corazón. Todos deberíamos amarnos los unos a los otros. Todos deberíamos decírnoslo, y en nuestro corazón sólo debería haber amor y compasión.

Recuerda que la persona que va sentada a tu lado en el autobús o en el tren, o que pasa junto a ti en la calle, podría sentir que nadie la quiere. Imagina qué se siente creer que nadie en el mundo te quiere ni se interesa en ti, como si fueras un poco de tierra en el suelo. Nadie debería sentirse solo ni aislado. Todos debemos sentirnos unidos a los demás, porque todos somos hijos de Dios. Somos iguales. Todos tenemos necesidad de amor. Todos debemos saber que alguien nos ama.

Si sientes que nadie te quiere, me permito recordarte que yo te amo, pese a que no te conozco. Tu ángel guardián te ama también, está siempre contigo y te sostiene.

Oración para vivir al máximo

Ángel de mi guarda, implora a mi Padre celestial que me infunda el valor
de no temer a la vida sino vivirla,
de subir esa montaña y llegar a la cumbre,
de vociferar y gritar,
de nadar, bailar y cantar,
de amar y ser amado,
de guardar silencio y escuchar,
confiado en que mi Padre celestial está conmigo
y en que tú me sostienes firmemente
mientras aprendo a disfrutar de la vida.
Gracias, ángel guardián,
por estar siempre conmigo.
Amén.

Esta sencilla plegaria es para que no temas a la vida y, más aún, vivas cada día como si fuera el último. Es para que hagas todas las cosas simples que hacemos a diario, pero que también las disfrutes. Algunas de ellas se mencionan en esta oración, los ángeles me las dijeron, pero estoy segura de que hay muchas más.

Tu ángel de la guarda desea que te recuerde que debes vivir intensamente cada momento y hacer todo que desees, sea correr, ir a nadar si vives junto al mar, reunirte con un amigo o dar un paseo. La vida es preciosa, y nunca debemos darla por hecho. Aunque es triste pensar en ello, un día nos iremos al cielo, así que debemos asegurarnos de dejar buenos recuerdos. Sin duda nos gustaría que nuestros hijos y seres queridos nos recordaran felices y sociables, como personas que se empeñaron en vivir al máximo: felices, cariñosas, llenas de amor. Este rezo te ayudará a vivir cada día como si fuera el último.

Capítulo 17

Cuando no te sientes querido

Oración de amor por una madre que nunca conocí

Gracias, Dios mío, por la madre que nunca conocí.
Gracias por cuidar de ella cuando me llevó en su vientre.
Sé que me amó, porque yo también la amé.
La elegí como mi madre
aunque sabía que quizá no podría cuidar de mí.
Gracias, Señor,
porque me dio a luz y me entregó en adopción
a fin de que otra madre
me amara, apreciara y cuidara.
Gracias por mi nueva madre,
que me quiere mucho y significa todo para mí.
Ella es mi mamá.
Gracias, Señor, por la madre que nunca conocí.
Amén.

Éste es un rezo en el que le agradeces a Dios que te haya dado una madre biológica. La mayoría de las madres biológicas que renuncian a sus hijos lo hacen porque los aman. Saben que no pueden cuidar de ellos.

Pueden ser muchos otros los motivos por los que una madre dé a su hijo en adopción. Podría deberse a la pobreza, o al temor, o a no tener la capacidad para ocuparse de él. En la mayoría de los casos, una madre en estas condiciones hace lo que considera mejor para su bebé. Sé que se le destroza el corazón. Algunas madres biológicas no tienen otra alternativa que ceder a su hijo.

Sólo recuerda que, de no haber sido por tu madre biológica, no estarías aquí. La escogiste como tu madre pese a que conocías todas sus circunstancias y sabías que existía la posibilidad de que te diera en adopción. También entonces conociste a tu madre adoptiva, cuando tu alma estaba en el cielo antes de que fueras concebido.

Oración por el amor de una madre

Ángel de mi guarda,
dile a Dios que echo de menos a mi madre.
Él se la llevó al cielo cuando nací;
jamás me tuvo entre sus brazos.
Dile a Dios que le doy gracias
porque sé que el alma
de mi madre está conmigo
y siento su amor.
Dile que la extraño.

Gracias, Dios mío y ángel de mi guarda,
por permitirme sentir el amor de mi madre.
Amén.

Ésta es una plegaria para quienes perdieron a su madre al nacer o poco después y no pudieron conocerla. Es para quienes siempre anhelaron que ella los hubiera acunado en sus brazos.

Conocí a un joven que me contó cuánto habría querido que su madre lo abrazara. Le pregunté por qué y me contestó: "Mi mamá murió cuando me dio a luz. Jamás me tuvo entre sus brazos, y hasta la fecha lo lamento. Sé que cuando me case y tenga hijos, les daré muchos abrazos y mucho amor. Cada vez que veo a un bebé en brazos de su madre es como si yo volviera a ser niño un segundo, y deseo estar en los brazos de mi madre. Siempre siento la presencia de mi mamá".

Oración para quienes no se sienten queridos por sus padres

No siento, Dios mío, que mis padres me quieran.
Nunca han mostrado amor por mí.
Eso me ha devastado hasta el día hoy.
Siempre te he reclamado, Señor,
cómo pudiste permitir que eso pasara.
Mis padres no me tienen afecto.
Hoy decido amarlos
aun si ellos no me aman a mí.
Les demostraré mi amor,
les diré que los quiero, les daré un abrazo.

No importa si me rechazan,
porque sé que un día, Señor,
ellos me dirán que me aman
y ése será el día más feliz de mi vida.
Pero si esto no sucede, Dios mío, está bien.
Yo tengo la opción de amarlos.
Gracias, Señor.
Amén.

Millones de personas en todo el mundo no se sienten queridas por sus padres, pero si ése es tu caso, esta plegaria es para ti. Recuerda que puedes optar por amar a tus padres, te quieran ellos o no. Tal vez no sepan cómo amarte. Tal vez guarden muchos rencores en su interior. Quizá teman decírtelo, pero recuerda que tienes la opción de decirles que los amas y demostrárselo.

Puedes hacer esto de maneras sencillas. La decisión es tuya. Nada te obliga a ir por el mundo sintiendo que tus padres no te quieren. Tú puedes amarlos, y siempre existe la posibilidad de que algún día ellos también te digan que te quieren. Si ya fallecieron, puedes abrazarlos espiritualmente y decirles de todas formas que los amas.

Oración para que encuentre paz dentro de mí

Ángel de mi guarda, ayúdame
a dar con la manera de estar con Dios en mi corazón,
en lugar de hallarme en constante conflicto
por la vida que he llevado.

Quiero sentir el amor de Dios en vez de esta culpa
enorme.
Permite que encuentre esa paz dentro de mí,
junto con el amor de Dios,
porque sin eso no tengo ninguna esperanza,
ángel guardián.
Amén.

Esta oración nos asiste para que tengamos una vida mejor, estemos más cerca de Dios, seamos personas bondadosas y honradas, seamos sinceros y llevemos una vida buena. Quieres dejar atrás tu antigua vida, que no era buena. Tal vez hiciste cosas malas y quieres cambiar. Te has vuelto a Dios, pero te sientes culpable por tu pasado y crees que Dios te juzga. Él no te juzgará nunca, pero en ocasiones creemos que así es. Te cuesta mucho trabajo sentir el amor de Dios, y en este rezo le ruegas a tu ángel guardián que te acerque a Dios para que puedas sentir su amor y experimentar esa paz dentro de ti.

Cuando practicas yoga, meditas mientras haces oración o encuentras un lugar tranquilo donde puedas estar quieto y en silencio, puedes escuchar y permitir que la paz y el amor de Dios entren en ti. Pierdes esa incertidumbre y hallas paz y fortaleza en tu interior. Te amas a ti mismo y eres feliz. Así pues, date todos los días unos minutos para estar contigo y tu ángel guardián y practicar yoga o meditar mientras rezas.

Necesitas un espacio silencioso para escuchar, bailar o cantar, o podrías ir a dar un paseo al río. Busca un lugar en el que puedas estar solo, porque Dios no te juzga por la manera en que has vivido. Él sabe que deseas cambiar, acercarte a él y sentir su amor.

Oración para pedir a Dios un poco de ayuda

Tengo que rogarte otra vez,
Dios mío, que me perdones
por molestarte con esta súplica:
ojalá pudieras mandarme dinero suficiente para pagar las cuentas.
Por más que trabajo, no logro reunir esa suma y estoy muy estresado.
Gracias, Señor, por todo lo que has hecho por mí.
Amén.

Ésta es una plegaria que muchos de nosotros tenemos que recitar en nuestra vida, porque todos sufrimos estrés por motivos económicos. Perdimos nuestro empleo o las cuentas sencillamente se acumulan. Quizás hubo una emergencia en la familia; el dinero se destinó a ella y ninguna cuenta fue pagada. Ése es un momento muy estresante para cualquiera. Por lo tanto, en esta oración le pides a Dios un poco de apoyo.

Si se te ocurre hacerlo, pide ayuda. Quizá tengas derecho a algo que te permita pagar algunas cuentas y deshacerte de una parte de tu estrés, para que puedas volver a sentirte bien.

Oración para pedir perdón a Dios

Perdóname, Dios mío;
siempre intento engañarte.
Te miento todo el tiempo,
pero sé que me amas pese a que sea tan deshonesto.
No dejes nunca de socorrerme, Señor.
Amén.

Este breve rezo sale de un corazón que pide perdón a Dios. Sabes que te ama de cualquier manera, y sabe que haces tu mejor esfuerzo. Le pides que te siga ayudando y tienes la certeza de que lo hará.

Oración por mis hijos

Señor y Dios mío,
perdona todas mis fallas.
No merezco que me hagas ningún favor,
pero te pido por mis hijos:
que siempre tengan un hogar, comida y una buena escuela.
Te pido por su bienestar emocional
y que los mantengas sanos y salvos.
No dejes de ayudarme, Dios mío.
Amén.

Esta oración brota del corazón de un padre o madre, y yo diría que proviene de todos los padres del mundo, quienes claman a Dios, quizá cientos de veces al año, para que los ayude. En ella le dices que no eres digno de pedirle un favor más, pero de todos modos le pides por tus hijos, para que dispongan siempre de casa, comida y educación, gocen de bienestar emocional y estén sanos y salvos. Le ruegas, además, que siga apoyándote. Dios no quiere, de ninguna manera, que te sientas indigno.

Haces todo lo que puedes para ser el mejor padre o madre posible, y eso es mérito suficiente. Sé que Dios te sonríe, pese a que no te sientas digno de pedirle algo. Eres hijo suyo, ¿crees que él te ignoraría? No; te oye y atiende tus necesidades. A veces no estás satisfecho con lo que considera lo mejor para ti, pero Dios nos da siempre lo mejor para nosotros, aun cuando no lo comprendamos en su momento.

Oración para proteger mi corazón

Ángel de mi guarda,
protege mi corazón.
Cuida que en él siempre tenga amor,
compasión y esperanza
y que yo irradie amor.
Gracias, ángel de mi guarda.
Amén.

En esta breve plegaria le pides a tu ángel guardián que salvaguarde tu corazón; que lo proteja para que seas amable y compasivo, no juzgues a los demás, veas siempre la luz de la esperanza e irradies la luz del amor.

Oración para reconocer las cosas importantes

Ángel de mi guarda,
ayúdame a reconocer
que a veces las pequeñas cosas de la vida
son las más importantes.
No permitas que las pase por alto,
para que no pierda de vista las cosas más preciosas de la vida.
Gracias, ángel guardián, por ayudarme.
Amén.

Aquí le pides a tu ángel de la guarda que te permita advertir todas las pequeñas y preciosas cosas que suceden en tu vida, a fin de que no las pases por alto y las disfrutes. Son esas pequeñas y preciosas cosas las que recompensan tu existencia. Cuando las aprecias, sonríes y ríes más. Das más amor, porque te amas a ti mismo.

No esperes a que te ocurra algo triste para entender qué es lo más precioso de la vida: tus seres queridos, y las demás personas que llegarán a tu existencia y a las que también amarás. Lo más precioso no son las cosas materiales; son el sol, la lluvia, el frío, el viento y las sonrisas.

Son la risa, saltar de alegría y que nos quieran.

Oración por un corazón destrozado

Ángel de mi guarda,
dile a Dios que mi corazón ha sido roto,
lo han hecho pedazos.
Me siento lastimado y perdido.
Necesito que la luz del amor brille de nuevo en mi corazón,
y fuerza y valor para hallar el amor otra vez, con tu ayuda.
Gracias por socorrerme, ángel guardián.
Amén.

Este rezo es para cuando alguien tiene roto el corazón, o dos personas riñen o se separan. Si una persona se despide de otra, sea hombre o mujer, recibe un fuerte golpe al descubrir que su pareja no la ama más.

Aquí le pides a tu ángel de la guarda que le haga saber a Dios que tu corazón está deshecho, y lo doloroso que es. Le comunicas a Dios que necesitas que la luz del amor vuelva a brillar en tu corazón, así como tener fuerza y valor para seguir adelante. Requieres ayuda para olvidar a la persona que amabas y desearle lo mejor, porque la quisiste.

El amor es el amor, y es algo muy especial, así dure poco o mucho tiempo; es algo que todos atesoramos y buscamos. Llegará de nuevo a tu vida. Sé bueno y amable contigo, y tu ángel de la guarda te asistirá para que encuentres un nuevo amor y te recuperes.

Capítulo 18

El poder de la oración

Oración para pedir al Ángel de la Esperanza en mi vida

Mantén en mi vida, Señor,
al Ángel de la Esperanza.
Permite que vea siempre ese faro,
que la luz de la esperanza no se apague nunca.
Que el Ángel de la Esperanza brille siempre para mí;
haz que siga siempre la luz de tu esperanza,
dame la fuerza y el valor que necesito
en la vida, pero sobre todo el amor.
Gracias, Dios mío,
Amén.

Todos necesitamos al Ángel de la Esperanza en nuestra vida. Ésta es otra de las razones de que esta plegaria me guste. Gracias al Ángel de la Esperanza sabemos que la esperanza hace posible lo imposible. Este ángel es colosal; veo a este ángel imponente dentro de una flama inmensa que nunca se extingue. Se me presenta bajo una vaga apariencia humana, hermosa y masculina, de color verde esmeralda. Sostiene una enorme antorcha encendida, similar a la antorcha olímpica.

El brillo del Ángel de la Esperanza es distinto al de cualquier otro ángel. Pienso que se debe a que es un ángel que reside dentro de una luz, en la flama de la esperanza, con lo cual nos demuestra que lo imposible es posible. Cuando hay esperanza en nuestro corazón, no hay nada que no podamos conquistar y vencer con amor. Esto es lo que nos ha impulsado a perseguir todas las cosas buenas de este mundo.

La humanidad ha intentado destruir muchas veces la esperanza para ejercer control sobre los pueblos del mundo, pero Dios tiene en el mundo a su Ángel de la Esperanza, este maravilloso ángel. Sólo hay un Ángel de la Esperanza, pero está al alcance de todos y cada uno de nosotros.

Oración de agradecimiento por el poder de la oración

Gracias, Dios mío,
por demostrar el poder de la oración en mi vida.
Has hecho esto muchas veces.
Gracias, Señor, a ti y a todos tus ángeles,
un millón de veces más.
Amén.

En este sencillo rezo das gracias por todas aquellas ocasiones en las que la oración ha sido poderosa en tu vida. Sabes que no habrías superado esos momentos de no haber sido por la presencia del poder de la oración en tu existencia, y por la fe que tienes. Le agradeces a Dios un millón de veces más.

El poder de la oración puede manifestarse de muchas formas. Los ejemplos más comunes podrían ser una curación, la aprobación de un examen o la exitosa reparación de una relación.

Oración del Espíritu Santo

Gracias porque cada día,
Dios eterno,
envías al Espíritu Santo a impregnar la hostia,
el pan de la vida;
a impregnarla de tu gracia en el mundo entero.
Te amo, Dios mío.
Amén.

Esta oración versa sobre la Última Cena, cuando Jesús compartió el pan de la vida con su familia. Todos somos su familia. Ese milagro increíble acontece hasta la fecha en cada misa. Cuando el sacerdote levanta la hostia, un enorme ángel atraviesa su cuerpo y la eleva al mismo tiempo con él, después vuelve al cielo. Es increíble ver esto. Ellos coinciden en ese momento, cuando el ángel eleva la hostia al cielo y la luz del Espíritu Santo desciende sobre la hostia, a la que llena de la gracia amorosa de Dios.

Oración para pedir alegría en mi vida

Aparta, Señor, esta nube oscura.
Haz que tu luz brille sobre mí,
manda a tus ángeles en mi ayuda.
Dame valor y fortaleza
para volver a sentir alegría en mi vida.
Amén.

Ésta es una plegaria que te asistirá para que vuelvas a sentir alegría en tu vida. Le pides a Dios que envíe a todos sus ángeles a ayudarte.

Oración para ser auténtico

Ángel de mi guarda,
ayúdame a ser tan auténtico
como el día en que nací,
libre de las asechanzas del mundo,
lleno de potencial, como Dios quiere que sea.
Dame fuerza y valor
para saber que puedo ser auténtico
con tu auxilio.
Amén.

Ésta es una oración en la que ruegas a tu ángel guardián que te ayude a recuperar la autenticidad que poseías cuando naciste, lleno de un amor puro que el mundo no había contaminado aún. Entonces estabas lleno de las posibilidades de la bondad.

Permite que sientas de nuevo amor por la vida y experiméntala con todos sus altibajos, pero apréciala siendo tal como eres.

Oración del amor divino por nosotros

Me postro ante ti, Señor mío, al saber que soy puro amor.
No hay nadie más en el mundo como yo.
Es bueno que me ame a mí mismo.
Soy digno de amor.
Decido amarme más.
Hay abundante amor en mi vida.
Me amo.
Gracias, Dios mío, por mi alma.
Amén.

Todas las palabras de este rezo aparecen en mi libro *Amor desde el cielo*. Esta oración te recuerda lo que ya sabes: que eres puro amor gracias a tu alma. Tienes la capacidad de dar mucho amor al mundo mediante el simple recurso de amarte más a ti mismo. Esto no te vuelve codicioso ni egoísta.

Como escribí en *Amor desde el cielo*, no puedes amar a nadie más de lo que te amas a ti, así que entre más te ames, más amor podrás dar al mundo. Rezar es un medio para amarte más.

Oración de amor

Ayúdame a entender, Dios mío,
que el más bello regalo
que me has hecho es el amor,

ese don de amor
unido a mi alma.
Amén.

En esta plegaria le pides a Dios que te permita darte cuenta de que el mejor regalo que te ha dado es el amor, lo mismo que el de la pureza que posees gracias a tu alma, esa chispa de la luz de Dios. Tu alma es una parte de él; jamás se contaminará ni destruirá. El amor no puede disminuir, lo hay en abundancia; es tu alma misma, esa conexión con Dios. El motivo de que la oración sea tan poderosa es que el amor es la fuerza más abrumadora del mundo. Brota de nuestra alma. Viene del cielo.

El amor es lo que da alegría y felicidad a nuestra vida y nos guía siempre en la dirección correcta. Es lo que hace que vivir valga la pena. Trae consigo paz, armonía y buena voluntad para todos. La oración es una actividad de amor. Viertes al mundo el amor que hay en tu alma cuando rezas, lo que incluye a todas las plegarias de este libro.

Oración para amarme a mí mismo

Ángel de mi guarda,
dile a Dios que necesito tu apoyo.
Necesito que me ayudes
a tomar la decisión consciente de amar mi vida
y dejar de odiarla.
Permíteme volver a amar la vida.
Recuérdame las cosas que me gusta hacer.

Gracias por ayudarme,
ángel guardián.
Amén.

Pides a tu ángel de la guarda en este rezo que te ayude a tomar la decisión consciente de amar de nuevo la vida. Si recitas esta plegaria, ya has empezado a hacerlo. Deseas librarte del hábito de no disfrutar de la vida, esa trampa en la que has caído. Quieres ver las alegrías que hay en tu existencia.

En esta oración reconoces que tu ángel guardián puede colaborar contigo. Ya tomaste la decisión y sabes que él te ayudará. Estarás alerta en todo momento a estas palabras, presentes en tu cabeza o salidas de tu boca: "Odio mi vida". Te dirás entonces: "No, no puedo repetir esto nunca más". Después harás algo que te gusta, para contribuir de ese modo a que recuperes el gusto por la vida.

Tu ángel de la guarda cree en ti, así que cree en ti mismo; puedes hacerlo. Puedes disfrutar nuevamente de la vida. Comienza por sonreír, y entonces di para ti, con amor y alegría: "Lo he logrado".

Oración para decir "Te amo"

Ayúdame, Señor, a aprender a decir "Te amo"
de todo corazón
y con toda mi alma.
Amén.

Puedes pronunciar esta plegaria para pedirle a Dios que te ayude a decir "Te amo" con el corazón, el alma y cada partícula de tu ser. Le ruegas que te ayude a decir con verdad esas dos hermosas palabras a todos tus seres queridos, y a todos aquellos que llegarán a tu vida en el futuro.

Oración por los niños del mundo

Ayúdenme, Señor y ángel de mi guarda,
a ayudar a los niños del mundo
en cualquier forma posible.
No tengo mucho, pero estoy dispuesto a compartir.
Que las oportunidades se presenten
en mi camino y yo las reconozca con amor,
para que pueda ayudar a los niños del mundo.
Gracias, Dios mío y ángel de mi guarda.
Amén.

Pides tanto a Dios como a tu ángel guardián en esta plegaria que abran tu corazón y te permitan ayudar a los niños del mundo, dondequiera que se encuentren, sea cual fuere su origen o religión y así sean pobres o iletrados. Ellos requieren tu ayuda, por mucho o poco que tengas. Si puedes tenderles la mano a los niños o a cualquier otra persona necesitada, muy probablemente esto significará mucho para ellos.

Oración para dar con un corazón puro

Señor Jesús,
inspírame siempre
a dar con un corazón puro
y no esperar nada a cambio.
Amén.

Repito constantemente esta oración, una y otra vez. Para mí, es muy hermosa. Es un recordatorio de que debemos dar siempre con un corazón puro y sin esperar nada a cambio. Cada vez que ayudes a alguien en cualquier forma, recita esta oración para ti, y así no le pondrás precio a la ayuda que acabas de dar. Tu amor es impagable y te ayuda a hacer buenas obras, a tenderle la mano a alguien, por pequeña que ésta parezca.

Oración para que mi ángel guardián me ayude hoy

Ayúdame, ángel de mi guarda,
a hacer lo que me pidas hoy.
Eso es todo lo que te pido.
Amén.

Me encanta esta plegaria y tengo que sonreír, porque mi ángel guardián está conmigo en este momento, así como el tuyo te acompaña ahora. Él me dijo: "Di lo que te digo, Lorna; repite mis palabras". Los ángeles siempre hacen esto; traen todas estas oraciones desde el seno de Dios, pero yo adoro ésta en particular. Es para que la digamos todos, venida de nuestros ángeles guardianes. El tuyo jamás te pedirá que hagas algo malo o perjudicial para otro ser humano o para la naturaleza. Gracias, ángel de mi guarda. Este rezo te permitirá escuchar a tu ángel guardián cuando despiertes.

Oración para pedir ayuda para orar

Arcángel Miguel,
ayúdame a rezar más a menudo,
porque no lo hago lo suficiente.
Muchas veces me vence la pereza
y no deseo molestarme en orar.
Ayúdame a rezar más.
Amén.

En esta breve oración le pides al Arcángel Miguel que te asista a rezar. Admites que muchas veces te gana la pereza, como supongo que nos ocurre a la mayoría. Pedir ayuda al Arcángel Miguel es bueno, porque él está a disposición de todos; conoce el poder de la oración.

Debemos recordar que el Arcángel Miguel está también en el Trono de Dios. Todos tenemos una relación muy especial con él. Gracias, Arcángel Miguel, por esta plegaria.

Capítulo 19

Para abrir nuestro corazón y defendernos del mal

Oración para mantener a raya el mal

Dios todopoderoso, Padre celestial, te imploro
que encadenes el mal. Impídele desatarse
en nuestra mente y nuestro corazón.
Que tu amor destruya su vileza,
terror y barbarie.
Cada vez que el mal se desate en mi mente y corazón,
arráncalo con tu amor.
Gracias, Padre eterno.
Amén.

Esta plegaria te ayuda a recordar que no debes permitir que el mal entre en tu mente y tu corazón. Ruegas a Dios que, cada vez que se filtre y desate ahí, él saque la malevolencia y la ira de tu corazón y tu mente y los llene de amor. No deseas ser malo ni hacer nada que lastime a otro ser humano. Todos hemos de recordar que el amor vence al odio.

Oración para abrir mentes y corazones

Señor Jesucristo, Padre celestial,
les ruego que abran el corazón y la mente de los seres
humanos
para que ellos oigan sus palabras de amor y venzan
y destruyan el odio.
Que el amor que ustedes nos conceden a todos,
esa eterna luz,
traiga paz y armonía a toda la humanidad.
Gracias, Señor Jesucristo y Padre celestial.
Amén.

Ésta es otra oración sobre el mal, al que yo llamo diablo o Satanás. El mal ha recibido muchos nombres en las diversas religiones y a lo largo del tiempo. Cuando el diablo se suelta en nuestra mente y nuestro corazón, nos llena de ira, odio y deseo de venganza.

En el mundo actual urge que recemos por quienes guardan odio y recelo en su corazón, aquellos que han permitido que el mal se desate en su corazón y su mente. Tenemos que ayudarlos, mediante la oración y nuestros actos de amor y compasión, a destruir ese odio y llenarlos de amor.

La oración es lo único que puede lograr eso. Hoy en día impera el terrorismo. Nos enteramos a diario de horribles actos terroristas contra hombres, mujeres y niños. No podemos permitir que esos espantosos actos de violencia destruyan el amor que hay en nuestro corazón. No podemos permitir que el mal venza, así que no debemos dejar que Satanás entre en nuestro corazón y nuestra mente, por difícil que esto sea.

En esta plegaria pedimos gracia y fortaleza para mantener a Satanás a raya y encadenado, a fin de que se le arroje a ese lugar que llamamos infierno.

Me duele decir estas palabras; siento dolor en mi alma y en mi corazón porque experimento amor, y sé que Dios ama a Satanás y habría preferido evitar lo que se vio obligado a hacer con él. Siento el dolor y la aflicción que siente nuestro Dios y Señor. Sufro porque sé que no debió ser así.

Pido todo el tiempo, entonces, por quienes han sido influidos por el otro lado, los que hacen el mal. Le pido a Dios por todos los que cometen esos horribles actos de terrorismo, guerra y maldad; que Dios los perdone.

Es penoso sentir este dolor, y en realidad no sé cómo expresarlo con palabras, pero es el dolor del amor. Es amor incluso por quienes escuchan a Satanás y permiten que el diablo se desate en su mente y corazón porque otros les dicen que los actos de terrorismo y guerra se cometen por amor, lo cual es falso.

Si lastimas a otro ser humano o destruyes nuestro mundo, eso no es amor, no es Dios; es el otro lado, un nombre que no me agrada mencionar, Satanás. Hablo de él porque siento mucha pena y dolor en mi corazón por quienes cometen esos espantosos actos de violencia, y siento al mismo tiempo un dolor inmenso por quienes han perdido a sus seres queridos y todo en su vida. Esto desgarra mi corazón.

Debemos rezar mucho para mantener encadenado a Satanás, impedir que se desboque en nuestra mente o influya en otros para que utilicen a Dios como un arma de gloria y poder para sí mismos. Quieren mantener encadenada a la raza humana, esclavizada al mal, a Satanás, para que permanezcamos en las tinieblas.

Pero el amor de Dios resplandece por doquier. Es esa luz radiante que nos da esperanza a todos, al saber que, con amor, armonía y paz para toda la humanidad, podemos hacer de este mundo un destello del cielo. Sé que el mal no triunfará, porque el amor abunda en el mundo y el mal no puede destruir ese amor, que Dios sigue acrecentando en nuestro corazón de generación en generación. Transmite ese amor de Dios a tus hijos, cualesquiera que sean tus creencias religiosas y creas en Dios o no.

El amor es una fuerza muy poderosa. Abre al mismo tiempo nuestra mente y corazón al amor y la paz. Mantén encendida esa radiante luz de la esperanza. La oración, el amor y la esperanza son los principales enemigos de quienes influyen en los demás para que crean que es bueno hacer el mal, porque la luz de la esperanza no puede extinguirse, dado que Dios la puso ahí.

Oración para pedir paz, amor y armonía

Concédenos, Señor,
amor, armonía y paz para toda la humanidad.
Amén.

Esta sencilla plegaria sale de tu corazón. Consta apenas de un par de palabras, unas cuantas ideas de tu mente, para pedir amor, armonía y paz para toda la humanidad, para todos nosotros. Extiendes al mundo esa armonía, paz y amor por medio de la oración. Muchas personas me preguntan: "¿Cómo puede la oración cambiar al mundo?". Ésta es una forma: introduciéndola en el mundo.

Recita estas plegarias de amor, armonía y paz en beneficio de todos, sin levantar barreras. No digas que alguien no las merece debido a la forma en que vive. Cuando rezas, no puedes hacer tal cosa. Tienes que orar con un corazón puro, y cuando lo haces, permites que tu alma emerja.

Nadie debe saber que rezas. Puedes orar en cualquier parte, aun en la habitación más ruidosa o en un partido de futbol o en el cine. Incluso mientras abrazas a alguien que quieres, puedes pedir protección para él. Se puede orar en cualquier sitio: en plena calle, en una cama de hospital o en una celda carcelaria. La oración no tiene barreras.

Oración de alabanza

Te amo, Dios santo.
Honro y alabo tu sagrado nombre.
Gloria a ti, Señor, en las alturas.
Me postro ante ti con un corazón abierto y amoroso.
Te alabo y te amo por toda la eternidad.
Gracias por tu amor, Dios mío.
Amén.

En este rezo expresas tu amor personal a Dios. Tu amor por él puede expresarse de muchas formas: viviendo al máximo, disfrutando y apreciando todas las bendiciones y dones que te ha dado, permitiéndote ser feliz, manteniendo encendida en ti la luz de su amor como un faro de esperanza para los demás, siendo gentil y amable y mostrando al mundo el amor de Dios a través de tus acciones.

Oración para pedir ayuda

Ven, Señor Jesús;
necesito tu ayuda, estoy perdido.
Ayúdame a cumplir mis deberes
el día de hoy.
Amén.

Oración al Arcángel Miguel

Protégeme, Arcángel Miguel,
y guíame con tu espada y escudo.
Ilumina mi camino
a través de mis triunfos y desilusiones.
Sé que estás ahí cuando te necesito.
Gracias.
Amén.

Esta oración al Arcángel Miguel le indica que sabes que está a tu lado cuando hace falta. Reconoces para ti el camino que te espera en la vida, con todos tus triunfos y desengaños. Te da el consuelo de que Dios ha puesto al Arcángel Miguel en el mundo, no sólo para ti sino para todos. Le agradeces al Arcángel Miguel que, como siempre, porte su espada y su escudo.

Oración al Arcángel Rafael

Te imploro, Arcángel Rafael,
pidas a Dios que envíe sus Ángeles Sanadores
a todos los lugares del mundo donde haya
conflictos y lleven la paz.
Requerimos tu ayuda;
pide a Dios que te envíe a nosotros.
Necesitamos que vengas.
Gracias, Arcángel Rafael.
Amén.

En esta oración le ruegas al Arcángel Rafael que ayude a nuestro mundo y pida a Dios que envíe a su Ángeles Sanadores. Creo que la parte más importante de este rezo es cuando le solicitas que todos los conflictos de nuestro mundo se resuelvan y llegue la paz. En forma comedida, imploras que le pregunte a Dios si él puede venir a socorrernos, porque en lo hondo de nuestro corazón sentimos que lo necesitamos.

Oración para pedir perdón y paz

Perdona, Dios mío, todas mis imperfecciones,
todo el mal que he hecho.

Dame la gracia de perdonar
a quienes me han ofendido.
Amén.

En esta breve plegaria le dices a Dios que reconoces todas tus imperfecciones, y en realidad le pides que te ayude a perdonarte a ti mismo. Él no te juzga. El perdón que fluye de nosotros hacia los demás nos da el espacio que necesitamos para perdonarnos a nosotros mismos y seguir adelante en la vida.

Pides también el amor divino, porque ruegas a Dios que te dé la gracia de perdonar a quienes te ofendieron, puesto que tú les has hecho lo mismo a ellos y no quieres continuar así. No deseas lastimar a los demás, quieres dejar atrás eso. Deseas que Dios te llene de la gracia del amor y la fortaleza que requieres para que dejes de ofender a los demás y te conviertas en la persona buena, amable y afectuosa que en verdad eres.

Oración para que mi alma se acerque a Dios

Glorioso Dios,
te pido que me inspires, guíes y conduzcas
para hallar la espiritualidad dentro de mí. Mi alma.
Quiero acercarme a ti en todos los sentidos.
Permite que mi espiritualidad aumente
para que pueda estar más cerca de ti
y ser una persona más bondadosa.
Te amo, Dios mío.
Amén.

En esta oración pides a Dios que tu espiritualidad aumente. Es una plegaria que mucha gente me pide. Pienso que Dios me ha dado varias oraciones de este tipo, pero jamás deberíamos tener miedo de pedirle que permita que nuestra espiritualidad crezca a fin de que podamos aproximarnos a él; porque cuanto más cerca estés de Dios, más bueno y considerado serás. La vida es más sencilla cuando te llenas de paz.

Capítulo 20

Vive en plenitud

Oración para pedir asistencia

Ayúdame, Señor.
María, Madre mía, Reina del Cielo;
ángel de mi guarda, todos los ángeles
y todos los santos celestiales,
no me nieguen su auxilio, por favor.
Gracias por su ayuda.
Amén.

Muchas veces clamamos al cielo cuando rezamos. Desde lo más hondo de nuestro corazón les pedimos a Dios, a todos los ángeles, los santos y la Virgen María, Nuestra Madre, que nos ayuden. Lo hacemos con frecuencia a lo largo de nuestra vida, aun aquellos que dicen no ser religiosos. Siempre pedimos que Dios nos favorezca.

Oración para que Jesús y María nos socorran

Ayúdennos, María y Jesús;
no nos abandonen.
¿Qué sucede, Jesús y María?
Socórrannos.
Amén.

Los ángeles me aseguran que las palabras que se emplean en esta oración se pronuncian en muchos idiomas y en boca de personas de diferentes religiones en todo el mundo. Cuando en nuestra vida ocurre algo terrible, usamos estas palabras.

Yo las reconozco de cuando era niña y vi que mi abuela clamaba de esa forma cuando encontró inconsciente a su hijo, tendido en el suelo. Estaba rodeado de ángeles. Me hallaba en un rincón y le pedí a Dios que mi tío estuviera bien. En medio de aquella conmoción, un médico se llevó a mi tío a toda prisa.

Al día siguiente, cuando yo estaba en la casa, mi abuela preparó una taza de té mientras agradecía la ayuda de todos, y luego pronunció otra oración.

Oración para dar gracias

Gracias, Señor;
él se encuentra bien.
Amén.

Las palabras de un rezo pueden ser unas cuantas. Podría ser una sola, pero lo que importa es de dónde proviene. Esta oración salió del corazón y el alma de mi abuela; fue dicha con el amor que sentía por su hijo; fue enunciada con un amor puro.

Este rezo puede recitarlo cualquier persona. Podría hacerlo en beneficio de una familia, un amigo, un amor, un hijo, una hija o un esposo o esposa, o decirlo en favor de un desconocido.

Oración de una madre para que el acoso termine

Toco a tu puerta, Señor mío;
no me abandones.
Necesito que atiendas mi ruego,
no por mí sino por mi hijo:
lo acosan en la escuela.
Está aterrado y no para de llorar;
dice que se quiere morir.
Ayúdame a encontrar a quienes pueden ayudarlo
antes de que sea demasiado tarde.
Gracias, Dios mío,
ángel de mi guarda y todos los ángeles,
por su apoyo.
Amén.

Dios me ha dado muchas oraciones como ésta para que las recitemos. No sólo puede decirla un/a padre/madre o abuelo/a; también pueden usarla amigos, desconocidos e incluso niños. Todos podemos recitarla, porque hoy en día demasiados niños del mundo sufren acoso, y a muchos de ellos la vida les parece tan horrible que se quitan la vida cuando no pueden más. Esta plegaria es para pedir ayuda, en especial a quienes pueden salir en auxilio de esos niños.

Recibo cartas de padres, abuelos e incluso niños en las que me cuentan del espantoso abuso que ellos sufren de otros chicos en la escuela. El acoso continúa en la secundaria, cuando ellos ya son adolescentes, pero me dicen que saber que tienen un ángel guardián les ayuda.

Menores cuyas edades van de la infancia a la adolescencia, y aun estudiantes universitarios, describen que tener un ángel guardián les ha ayudado inmensamente, sobre todo cuando han sido víctimas de acoso. Me cuentan cómo ruegan a su ángel guardián que pida ayuda al ángel del niño o joven que los acosa. Afirman que esto da resultado todo el tiempo. De vez en cuando, un chico me dice en una carta que su antiguo acosador es ahora su amigo.

He aquí un breve extracto de la carta de una adolescente:

> Un día mi mamá me sugirió que leyera tu libro *Ángeles en mi cabello*. Lo hice, y sólo pensar que todos tenemos un ángel de la guarda me hizo ver el mundo de otra manera. En mi escuela, mis compañeros me acosaban y yo sentía ganas de dejar de vivir. Era horrible, me quería morir, pero fue entonces cuando me enteré de que ellos también tienen un ángel guardián, igual que yo, que puede ayudarlos a madurar como personas, y eso me sirvió mucho. Tu libro me ha hecho tener compasión, y entender que ellos son seres humanos, en lugar de querer hacerlos sufrir. Ahora veo todo de diferente manera, y mi ángel de la guarda ha sido de gran ayuda. Tengo ya maravillosos amigos y soy feliz. Ya no me quiero morir.

Es importante que todos digamos este rezo, tengamos o no hijos. Quizás un niño, adolescente o joven universitario sufra acoso y esté solo y sin amigos en ese momento tan terrible. Tal vez no puede encararlo y desea la muerte.

Su ángel guardián hace todo lo posible, igual que Dios y todos los ángeles, para que la luz de la esperanza brille frente a él, pero tú y yo debemos ser esa luz de esperanza también. Nadie desea que niños y jóvenes se quiten la vida por culpa del acoso escolar. Vivir todos los días con él es violento y horrible. El aguante de los niños y jóvenes tiene un límite.

Si tú puedes ayudar, hazlo. Sé esa luz de esperanza. La mamá de esa adolescente le dio mi libro *Ángeles en mi cabello* y le dijo que lo leyera. Esto hizo que la chica viera el mundo de otra forma, gracias a que se enteró de que tiene un ángel de la guarda. Ahora tiene fe en que quienes antes la acosaban se vuelvan buenos y se den cuenta de que también ellos tienen un ángel guardián.

Oración para tener fe

Ayúdame a creer en ti, Señor.
Quiero tener fe, quiero creer en ti,
te lo ruego.
Sé que está en mí creer en ti,
Dios mío.
Amén.

Ésta es una plegaria que te auxiliará si encuentras muy difícil creer en Dios, creer que tienes un alma y un ángel guardián.

Te dices constantemente: "Si Dios existiera, nada de esto me sucedería". Pero la desesperación hace que reces deseando creer que Dios existe, que la vida es valiosa. Le pides a Dios que te permita creer, porque sabes en tu corazón que él existe, pero el mundo y la vida intentan destruir tu fe con todo su odio y violencia.

No quieres formar parte de ese odio y violencia; deseas pertenecer a Dios. Quieres ser libre para amar, sentir bondad y regocijo, ser feliz y ayudar a los demás a tener amor y felicidad. Sabes que es bueno que creas en Dios, en tu alma y tu ángel guardián.

Oración para pedir amor propio y fuerza interior

Ángel de mi guarda,
ayúdame a encontrar en mi alma amor por mí
y la fuerza que habita mi espíritu.
Gracias por asistirme,
ángel guardián.
Dile a Dios que lo amo.
Amén.

Esta oración te ayudará aceptar tu alma, así como el amor propio y la fuerza que habitan en ti. Le pides a tu ángel guardián que te asista para que halles ese amor y esa fuerza y les permitas emerger.

No temas al amor por ti. Lo posees en abundancia, porque tu alma, esa chispa de la luz de Dios, es un amor inagotable, puro y verdadero. Puedes amarte y amar a los demás con libertad, y sentirte querido al mismo tiempo, porque descubrirás que eres puro amor.

Oración para abrir nuevamente la puerta a la vida

Ángel de mi guarda y Arcángel Miguel, auxílienme.
Estoy muy cansado y fatigado;
he perdido todo interés en la existencia
y sólo quiero que me dejen en paz.
Ayúdenme a abrir nuevamente la puerta a la vida.
Gracias.
Amén.

Ésta es una plegaria que supongo que todos necesitamos decir en aquellos momentos en que sentimos que la vida se ha vuelto tan abrumadora para nosotros que no podemos más. Lo único que deseamos es cerrar la puerta. Yo te diría que te tomes un descanso y les pidas a tu ángel guardián, al Arcángel Miguel y a todos los ángeles de Dios que te tiendan la mano, a fin de que puedas volver a abrirle la puerta a la vida. Tómate ese breve descanso; lo necesitas.

Oración de gratitud por la fortaleza y el valor

Señor,
sólo quiero decirte que creo en ti.
Sé que siempre has estado a mi lado,
incluso en los momentos en los que me siento perdido;

tú me has dado siempre, Señor, el valor y la fuerza
que necesito.
Gracias, Dios mío.
Amén.

Ésta es otra breve oración para darle gracias a Dios de que has creído en él aun en aquellas ocasiones en que te sientes solo y perdido, o en los momentos de tu vida en los que te has sentido afligido y desesperado. Aun así, has creído en él, porque sabes que él te da siempre el valor y la fortaleza que requieres para superar las difíciles situaciones de la vida.

Le pediste a Dios una señal y la recibiste. No pusiste traba alguna, y después le diste las gracias. Dices: "Ya no tengo que hacer solo nada, porque mi ángel guardián está conmigo".

Una de las señales más comunes que Dios envía a una persona es hacerle sentir su presencia o escuchar su voz.

Así como ésa, también otras señales llegarán a tu vida, y encontrarás el valor preciso para pedir ayuda cuando la necesites, a fin de que no tengas que hacer solo todas las cosas.

Oración para pedir otra oportunidad para el mundo

Siempre te pido, Señor, una nueva oportunidad,
y siempre me la has concedido.
Ahora no te la pido para mí;
te la pido para el mundo.
Amén.

En este rezo le ruegas a Dios que dé a nuestro mundo una nueva oportunidad de hacer bien las cosas, del mismo modo que te la ha concedido a ti en innumerables ocasiones a lo largo de tu existencia. Todos podemos mirar atrás en nuestra vida como individuos y percibir ese divino patrón, en el que Dios y los ángeles nos han tendido la mano para que hallemos una segunda oportunidad. A veces debemos hacer retroceder el tiempo en nuestra mente para examinar nuestra vida y advertir todas aquellas ocasiones en las que Dios nos ha dado otra oportunidad.

En esta oración no la pides por ti; la pides para toda la humanidad. Ésta es una hermosa plegaria que Dios me dio para que la compartiera contigo.

Oración al Ángel del Amor Maternal

Sírvete enviarme, Señor, al Ángel del Amor Maternal,
porque hoy necesito sentir el amor de una madre,
puesto que la mía está en el cielo contigo.
Que el Ángel del Amor Maternal me acompañe.
Gracias, Dios mío.
Amén.

Pides a Dios que envíe a tu lado al Ángel del Amor Maternal. Quizá no sepas si tu madre te quiso o no, o sabes que te quiso mucho. En ocasiones, una madre no sabe cómo mostrar su amor a su hijo, porque nunca se lo mostraron a ella. Así, el Ángel del Amor Maternal te hace saber que tu madre te amó, y eso es muy importante para todos nosotros.

El Ángel del Amor Maternal es muy bello. La única forma en que puedo describirlo es como una gallina que te envuelve con sus alas para colmarte con su amor de madre, a fin de que sientas un amor maternal.

Oración para amar a quienes te desagradan

Ángel de mi guarda,
dile a Dios que le doy gracias por todo.
Ayúdame a dar ahora un poco de amor a los demás,
en especial a quienes me han hecho enojar
o me desagradan. Ayúdame
a darles a todos un poco de amor.
Gracias, ángel guardián, por socorrerme.
Amén.

Aquí le pides a tu ángel de la guarda que te asista en una tarea particular cada día de tu vida: la de dar un poco de amor a otras personas, especialmente a aquellas con las que es posible que estés molesto, decepcionado o disgustado. Si les muestras un poco de amor y bondad, contribuirás a que tus heridas sanen. Si les muestras amor y bondad, creas en tu interior un espacio sagrado en el que el amor y la bondad podrán fluir. Esto te permitirá dejar de encerrar tu amor, lo cual quiere decir que dejarás de hacerte daño también.

Muestra a los demás un poco de bondad y un poco de amor. Perdona, así sea despacio, para que te acostumbres a hacerlo. Brindar un poco de amor es un acto precioso e invaluable. Da un poco de amor el día de hoy.

Oración a mi ángel de la guarda, que está conmigo todos los días

Ángel de mi guarda,
sé que me tomas de la mano a diario
y por eso sé que no estoy solo.
Gracias, ángel guardián,
por estar conmigo todos los días de mi vida
hasta la eternidad.
Amén.

En esta plegaria agradeces a tu ángel de la guarda que te tome todos los días de la mano y te guíe por la vida, así como que, simplemente, esté sin cesar a tu lado. Este rezo te da el consuelo de saber que él sostiene tu mano y que no estás solo. Estés donde estés y pase lo que pase, debes saber que él está contigo, mano con mano. Permite que saberte amado te conforte.

Oración para ser un buen samaritano

Ayúdame, Señor, a ser un buen samaritano
lo más seguido posible.
Amén.

En esta breve oración pides a Dios que te permita ser un buen samaritano, porque sabes en tu corazón que un día podrías depender de que alguien sea un buen samaritano contigo. Tienes la esperanza de que esa persona no te rechace ni se diga que no le importas.

Sabes en tu corazón que debes ser un buen samaritano en toda circunstancia, por modesta que sea, porque el día de mañana podrías requerir la ayuda de alguien.

Capítulo 21

Reza en todas partes

He llegado al final de este libro de plegarias, el cual espero que toque el corazón de todos y te enseñe a orar. Puedes rezar en cualquier sitio. No tienes que ir a un lugar especial. Un momento de silencio permite a tu alma emerger y te ayuda a adoptar un estado meditativo de oración y a acercarte a Dios. Nunca rezas solo, porque todos los ángeles lo hacen contigo.

Tus oraciones son las palabras que se te ocurren como ser humano, pero cuando te sumerges en un profundo estado de oración, oyes que esas palabras salen de tu alma. Experimentas tu alma en las honduras de la oración. Esto puede suceder aun si cantas tus plegarias, o si bailas mientras rezas, o si meditas. La gente reza de muchas maneras, pero lo hagas como lo hagas, te permites unirte por completo con tu alma. Entras en un estado de oración en el que no te has hallado nunca antes.

Puede ser que experimentes eso durante sólo unos momentos en términos humanos, pero para tu alma habrá sumado una eternidad. Le encanta que decidas rezar. Tu alma es puro amor y, por eso, la oración tiene un poder que no podemos imaginar.

Rezar es sumamente importante para nuestro cuerpo físico y nuestra mente, ese lado emocional, con el que todos y cada uno de nosotros batallamos en diferentes momentos de la vida. Usa el poder de la oración para superar esos momentos. Permite que tu alma esté más en contacto con tu cuerpo físico y tu mente. Permite que el poder de la oración te ayude a curar tu cuerpo físico y tu mente. Permite el entrelazamiento del cuerpo y el alma.

Desde el principio de los tiempos, desde el momento en que Dios se enamoró de nosotros y nos dio esa diminuta chispa de él mismo, nuestra alma, hemos estado en busca de nuestro lado espiritual. No lo entendíamos, pero sabíamos que teníamos un lado espiritual. Quizá lo hemos llamado de otra forma. No sé cuándo empezamos a reconocer que era nuestra alma, pero la buscábamos, y seguimos haciéndolo hoy.

Disponemos de muchos rituales en todas las religiones. Sacrificábamos animales, y a veces incluso a otros seres humanos, con la esperanza de encontrar nuestro lado espiritual, nuestra alma. Para hallar a Dios, ayunábamos, dejábamos de comer durante varios días o hacíamos que se nos infligieran torturas. Bailábamos, cantábamos, entrábamos en trance y tomábamos drogas. Bajábamos a las entrañas de la Tierra en busca de la vida después de la muerte. Todavía hacemos algunos de estos ritos pero, al paso de los siglos, aprendimos gradualmente que no era necesario que ofreciéramos sacrificios. No era preciso que infligiéramos torturas sobre nosotros mismos o los demás.

Aprendimos que podíamos buscar a Dios, nuestra alma, nuestro ser espiritual, a través del poder de la oración. No teníamos que hacer lo que otros hicieron en la antigüedad, hoy únicamente debemos rezar. Tú y yo necesitamos de las oraciones de los demás, y tú y yo debemos rezar todos los días. Nos toma sólo un momento. Todos debemos orar, para que podamos hacer de este mundo un destello del cielo, para que el entrelazamiento del cuerpo humano y el alma pueda ocurrir. Así dejaríamos de enfermarnos, nuestra alma irradiaría y veríamos las almas de todos a nuestro alrededor. Sabríamos que Dios existe.

Dios *existe*, en efecto. No esperes hasta que llegue tu hora de irte al cielo para descubrirlo. Descúbrelo ahora por medio del poder de la oración y date cuenta de que Dios existe. Te ha dado un ángel guardián que es el protector de tu alma. Permite que tu alma mire a través de tus ojos físicos y vea el mundo de otra manera, en una forma bella y positiva, para que tu vida sea bendecida mediante el poder de la oración y el conocimiento de que Dios existe.

Si toda la raza humana orara en común un minuto en el mundo entero, con todas las religiones y los que no practican ninguna, y con quienes consideramos buenos o malos, todo cambiaría para siempre.

Una plegaria puede ser lo que tú quieras. Puedes recitar una que ya sepas o hablar con Dios con tus propias palabras. Las plegarias de este libro fueron brindadas por Dios a sus ángeles, para que ellos me las dieran a mí. Dios ha otorgado su permiso de compartirlas contigo y tus seres queridos. Dios no pone impedimentos, los ángeles tampoco; cualquier persona puede orar.

He pedido a los ángeles que suban pronto al cielo para

implorar a Dios un milagro en tu vida y la vida de todos ustedes.

Reciban todos mis bendiciones y mi amor.

Lorna

Lista de oraciones

Oración por

Agradecimientos

Doy las más sinceras gracias a mi hija, Aideen Byrne, por haber editado este libro de plegarias, por su apoyo y dedicación, por estar a mi lado mientras lo escribía y por su enorme e intenso trabajo.

Mark Booth, mi editor, gracias por todo tu apoyo y aliento a lo largo de los años. Gracias por los días que pasaste con Aideen y conmigo, haciendo la edición definitiva de este libro de plegarias. Sin ustedes dos, yo nunca habría logrado escribirlo, debido a mi dislexia severa; gracias por su paciencia.

Quiero dar las gracias a mi otra hija, Pearl Byrne, por toda su ayuda como mi agente y por su constante dedicación, aliento y apoyo.

Mis más sentidas gracias a mi cariñosa familia por todo su apoyo y estímulo. Sin ustedes, no podría hacer lo que hago. Gracias desde lo más profundo de mi corazón.

Gracias al Departamento de Arte de Hodder & Stoughton por la portada de este libro de plegarias; es magnífica.

Gracias desde el fondo de mi corazón al equipo de ventas aquí en Irlanda y en Inglaterra.

Gracias, Suzi Button, por todo tu aliento y arduo trabajo como gerente de Lorna Byrne Children's Foundation.

Esta obra se imprimió y encuadernó
en el mes de diciembre de 2018,
en los talleres de Impregráfica Digital, S.A. de C.V.,
Av. Coyoacán 100-D, Col. Del Valle Norte,
C.P. 03103, Benito Juárez, Ciudad de México.